D1670159

ELSINOR
VERLAG

Petra Fietzek

Mauerkind

Eine Kindheit in Westberlin
(1963–1967)

Elsinor

**Bibliografische Information der Deutschen
Nationalbibliothek**
Die Deutsche Nationalbibliothek verzeichnet diese Publikation in der
Deutschen Nationalbibliografie; detaillierte bibliografische Daten sind
im Internet über www.dnb.de abrufbar.

© Elsinor Verlag, Coesfeld 2021
1. Auflage 2021

Umschlag und Satz: Elsinor Verlag, Coesfeld
Abbildungen auf dem Umschlag:
Mauer: © iStockphoto.com/JMGehrke
Kleines Bild: Privatbesitz

Printed in Germany
ISBN 978-3-942788-59-5

Inhalt

1966

1967

Mauerkind

Vorwort

Mauern sind keine gesprächigen Staketenzäune, an denen duftende Rosen und pastellfarbene Wicken mit dem Wind spielen. *Die Mauern stehn sprachlos und kalt,* schreibt schon Friedrich Hölderlin 1803 in seinem Gedicht *Hälfte des Lebens.* Mauern sind stumm, rauben Sicht, rauben Freiraum.

Ich war ein Mauerkind.
Eingeschlossen in der brutalen Realität der politischen Berliner Mauer mit Stacheldraht, in den traumatischen Kriegserlebnissen meiner Eltern, in der kalten Anonymität der Großstadt Westberlin, in der irren Ambivalenz von Wirtschaftswunder und Schießbefehl, von heiler Welt und Unheil.

Lichtblicke: die Mutter wie ein warmer Kuchen, der kleine Bruder mit der Stoppelfrisur, Tante Annie und die Entdeckung des eigenen Schreibens.

In diesem Buch erzähle ich von mir.
Ich erzähle in der 3. Person in literarischer Freiheit, nenne mich Helene und sehe mir in filmischer Distanz bei meinem Leben als Kind im Westberlin der 60er Jahre zu: berührt, bewegt, erschrocken.

1963

Dirigentin im Dunkel

Die schweren Leinenvorhänge ließen sich von der Kinderhand nur mühsam von rechts und links zur Mitte hin zusammenziehen.

Nun noch den Spalt in der Mitte schließen.

Das Kind drehte das kleine Transistorradio auf dem Holzschränkchen an und Musik erklang. Orchestermusik mit Geigen und Flöten.

Das Kind löschte das Deckenlicht, stellte sich mitten in den dunklen Raum.

Es hob seine Arme und begann zu dirigieren.

Sanft bewegte es seine Hände auf und ab. Mal langsam, mal schneller.

Musik durchströmte den Raum.

Ab und zu schepperte der Apparat auf dem Holzschränkchen.

Das Kind dirigierte, bis die Klänge sich rundeten, verhallten, verstummten.

Als im Radio Applaus aufbrauste, verneigte es sich tief nach allen Seiten.

Mit seinen kleinen Fingern ertastete das Kind den runden Lichtschalter neben der Tür und knipste das Deckenlicht an.

Es stellte das Radio aus und schob die schweren Vorhänge auseinander.

Einen Moment lehnte es seine Nase gegen die kühle Fensterscheibe.

Die Bäume ragten schwarz und steif in den rötlichen Abendhimmel.

In den Mietshäusern auf der anderen Straßenseite brannten Lichter.

Westberlin war groß.

Groß und unheimlich.

Unheimlich und fremd.

Als das Kind die Balkontür öffnete, hörte es vom Ende der Straße das laute Rattern der S-Bahn.

Es schloss die Balkontür und verließ sein Zimmer.

Na, was hast du gemacht, Lenchen?

Seine Mutter war eine warme Mutter. So wie ein warmes Stück Kuchen.

Eine Schürzenmutter mit Lachen im Gesicht.

Ich habe …

Helene nahm einen Kochlöffel vom Tisch und schuppte ihn wieder und wieder gegen die knarrende Tischschublade.

Ich habe in meinem Zimmer gespielt.

Ihre Mutter hantierte mit flinken Bewegungen in den Emailtöpfen auf dem Herd.

Hast du die Hausaufgaben fertig?

Das Kind nickte.

Es ging in die 3. Klasse einer Volksschule in Zehlendorf.

Umzug nach Westberlin

Im Frühherbst 1963 war Helenes Familie von Frankfurt am Main nach Westberlin gezogen.

Vor zwei Jahren ist in Berlin eine Mauer gebaut worden. Sie trennt jetzt West- und Ostberlin, hatte der Vater erklärt.

Damals saßen sie in der alten Wohnung am runden Esstisch und aßen Abendbrot. Graubrot mit Leberwurst und Tomaten.

Warum wurde eine Mauer gebaut?

Mit der Mauer will die Regierung der DDR verhindern, dass Menschen von Ostberlin nach Westberlin flüchten.

Helene nickte, obwohl sie nichts verstand.

Warum wollten Menschen flüchten?

Abends hörte sie, wie ein Freund des Vaters ihn fragte:

In das Ghetto zieht ihr?

Sie wusste nicht, was ein Ghetto war, aber das Wort klang hart und streng.

Wenige Tage später bekam Helene auf der Straße mit, wie die Mutter einer Nachbarin erzählte, dass jeder Haushalt in Westberlin Vorräte an Lebensmitteln und Getränken in Speisekammern halten musste.

Vorräte für drei Monate, erklärte die Mutter der Nachbarin, *falls die Verbindung zwischen Westberlin und Westdeutschland von der DDR abgebrochen wird.*

Helene hörte die Nachbarin fragen: *Auf diese isolierte Insel wagen Sie sich?*

Das ist berufsbedingt, antwortete die Mutter, *wegen der Karriere meines Mannes. Was nimmt man da nicht alles in Kauf!*

Und die Mutter seufzte. Das hörte Helene genau.

Westberlin – eine Insel?

Am Umzugstag packte Helene ihr Malbuch und Malstifte in eine blaue Tasche. Ferner eine Tüte Gummibärchen und zwei Pixi-Bücher.

Am Nachmittag stand sie mit ihrer Mutter und ihrem kleinen Bruder Stephan im Frankfurter Flughafen und sah durch die hohe Glasscheibe auf das graue Rollfeld. Wie mächtige, silberne Vögel mit weit ausgebreiteten Schwingen standen Flugzeuge nebeneinander, setzten sich langsam in Bewegung oder landeten weit hinten auf der breiten Bahn.

Helene und ihr Bruder trugen graue Trachtenjacken und Trachtenhüte.

Die Holzknöpfe waren rau und fühlten sich wie gedreht an.

Der kleine Bruder hatte Opabär unter den Arm geklemmt.

Den hatte Opa ihm geschenkt, als er Mandelentzündung hatte.

Eine Durchsage kündigte das Flugzeug nach Westberlin an.

Eine Stunde später hob die Maschine ab.

Helene saß neben ihrer Mutter. Auf der anderen Seite der Mutter saß Stephan. Die Kinder lutschten kleine, gelbe Zitronenbonbons.

Der Vater wohnte schon eine Weile in Berlin in einer Pension in der Nähe des Kurfürstendamms. Er arbeitete sich in der neuen Firma ein und freute sich auf seine Familie. Das hatte er zweimal zu Helene am Telefon gesagt. Er hatte für alle eine Wohnung in Zehlendorf gemietet.

Eine schöne Wohnung, schwärmte der Vater am Telefon, *mit Verzierungen unter der Decke und in deinem Zimmer hängt eine Lampe wie von einer Prinzessin.*

Im Flugzeug stieß die Mutter Helene mit dem Ellenbogen an.

Wenn du aus dem Fenster schaust, siehst du ganz unten auf der Autobahn unsere beiden Möbelwagen, sagte sie.

Wo?, schrie Stephan aufgeregt.

Helene lächelte nur. Dieser kleine Wicht! Niemals würden sie die Möbelwagen dort unten auf der Erde sehen können.

Die Maschine flog durch hoch aufgetürmte Berge weißer Wolken.

Helene lutschte das Zitronenbonbon und wünschte, dass der Flug noch lange dauerte. Doch auf den Vater, auf den Vater freute sie sich. Der stand in Westberlin am Flughafen und wartete.

Wohnung in Zehlendorf

In der neuen Wohnung in Zehlendorf lag die Speisekammer direkt neben der Küche. Es war ein kleiner Raum, angefüllt mit Lebensmitteln und Getränken.
Grundlebensmittel, wie die Mutter sagte.
Helene sah Nudeln, Reis und Mehl, viele Konservendosen mit Erbsen und Möhren und Schwarzwurzeln und fünf Kisten mit Limonade.
Sogar drei Tüten Fruchtbonbons und fünf Tafeln Sarotti-Schokolade mit dem schwarzhäutigen Jungen in der bunten Pluderhose.
So viel hatten sie in Frankfurt nie in der Wohnung gehabt. Ja, so würde die Familie bestimmt ein paar Wochen überleben können.

Die neue Wohnung lag im 1. Stock eines Mietshauses und hatte so hohe Räume, dass man zwei Etagen daraus machen könnte. Gemusterte Leinenvorhänge an den Fenstern lagen auf dem Parkettboden auf.
Es gab fünf Zimmer, ein Bad und eine große Küche sowie zwei Balkone: einen zum Hinterhof und Garten hinaus und einen zur Straße mit dem holprigen Kopfsteinpflaster.
Helene mochte die Wohnung.
Mit Stephan erkundete sie die Räume. Die Kinder spielten Umzug oder Detektive. Das war abenteuerlich und witzig zugleich, weil der kleine Bruder immer wieder über die hölzernen, rotgestrichenen Türschwellen stolperte.

Schulweg und Volksschule

Helenes Schulweg führte an einer Hauptverkehrsstraße entlang.

Bei Wind und Wetter lief sie dort mit dem dunkelbraunen Ranzen auf dem Rücken und zwei Jungen aus der Nachbarschaft als ihre persönlichen Leibwächter neben sich. So hatten es die Mütter abgesprochen.

Nur, dass die Jungen weit voraus liefen und der Mann aus der Heilanstalt leichtes Spiel hatte, Helene zu erschrecken. Aber das wussten die Mütter nicht.

Mal rannte der Mann mit weit ausgebreiteten Armen auf Helene zu und bog in letzter Sekunde scharf vor ihr ab. Mal lief er bis zur großen Kreuzung hinter ihr her, laut zischelnd und dicht hinter ihrem Rücken in die Hände klatschend. Helene scheuchend.

Und Helene rannte, bis sie völlig außer Atem war.

In der alten Volksschule aus gelbem Klinkerstein roch es nach Bohnerwachs und regennassen Kindermänteln.

Helenes Klassenlehrer war der alte Lehrer Rattke.

Immer, wenn er vom Spreewald erzählte, horchte Helene auf. Dorthin wollte sie auch fahren.

Dorthin, wo hohe Bäume ihre grünen Arme ins schillernde Uferwasser tauchten und Menschen auf langen Kähnen den Fluss hinauf und hinab fuhren. Langsam und froh.

Ja, dort musste es schön sein.

Helene sah aus dem Fenster in die Wolken.

Aber dahin können wir leider nicht fahren, weil das im DDR-Gebiet ist, sagte Lehrer Rattke.

Helene zuckte zusammen. Der Spreewald war auch im DDR-Gebiet?

DDR-Gebiet

DDR-Gebiet hatte Helene schon gesehen.

Sie war mit ihren Eltern und ihrem kleinen Bruder am Checkpoint Charlie auf eine Aussichtsplattform gestiegen. Dort oben hatten sie mit anderen Menschen über zusammengerollte Stacheldrähte, Grenzsignalzäune und Betonplattenwände zu hohen Wachtürmen und grauen Häuserfronten geschaut.

Manche Menschen hatten Ferngläser dabei.

Ein Mann fragte Helene, ob sie durch sein Fernglas sehen wollte.

Helene nickte und der Mann drückte ihr die Gläser so fest auf die Augen, dass es auf ihren Gesichtsknochen wehtat.

Weit hinter der dritten Backsteinmauer winkte eine Frau auf einer menschenleeren Straße den Menschen auf der Plattform zu. Sie trug ein Kopftuch.

Alle Menschen winkten zurück.

Auch Helene.

Auch ihr kleiner Bruder.

Stephan schrie: *Hallo! Hallo!*, winkte mit hochgerissenen Armen.

Plötzlich segelte einer seiner blauen Handschuhe im weiten Bogen über die Plattform und verfing sich im Stacheldraht, zappelte dort im Wind.

Den kriegste nie, nie wieder, sagte ein Mann zu Stephan.

Helene sah, wie die Mundwinkel ihres kleinen Bruders zitterten. Langsam stiegen die Menschen von der Aussichtsplattform herab.

Alle hatten den blauen Handschuh im Stacheldraht gesehen.

Niemand sagte etwas.

Die Kinder in Helenes Klasse waren so anders als Helene, fand Helene.

Sie waren sich sehr ähnlich. Ähnlich stark, ähnlich schön, ähnlich schlau. Und sie konnten so gut malen!
Vor allem das gelbe Kornfeld vor dem grünen Wald unter dem blauen Himmel.
Alle Bilder waren wundervoll.
Nur Helenes Bild nicht.
Dabei hatte sie fünfmal neu angefangen.
Ihr Kornfeld war grau und der Wald schwarz und der Himmel nicht vorhanden. Weißes Papier.
Oh, oh!
Der Vater wurde in die Schule bestellt und redete mit Lehrer Rattke.
Er erzählte Helene nicht, was besprochen wurde.

Das war zu der Zeit, als Helene eine schmerzhafte Kieferhöhlenvereiterung hatte. Deshalb musste sie während des Unterrichts dreimal in der Woche zum Arzt gehen und kam dort in eine Klimakammer. Das war ein metallenes Gebilde wie eine Raumstation. Ganz allein kam sie in diese Klimakammer: reinsteigen und sich auf ein Bänkchen setzen. Die Tür wurde von außen fest verschlossen. Eiskalte Luft und dröhnendes, klopfendes Maschinenrattern.
Dann wieder rauskommen und zurück zur Schule gehen.

Manchmal trödelte Helene absichtlich. Sie sah sich Schaufenster an oder versuchte, Kaugummis aus dem Automaten zu drehen. Ohne Geld natürlich.
Ein Mädchen aus ihrer Klasse sagte einmal auf dem Schulhof zu ihr:
Wir wissen alle, wie schlimm krank du bist!
Helene bekam einen Schreck.
Sie wusste gar nicht, dass sie schwer krank war oder dass die Kinder in ihrer Klasse bemerkten, dass sie ab und zu fehlte.
Und wenn sie nun nie mehr gesund würde?
Oder sterben müsste?

Der Arzt sagte, dass sie sich nur noch zweimal in die Klimakammer setzen müsse. Er war mit ihren Kieferhöhlen zufrieden.
Helene war erleichtert, atmete tief auf.

Unheile Welt

In ihrem Zimmer vorne zur Straße zog Helene immer öfter die Vorhänge zu, stellte das Transistorradio an und dirigierte klassische Konzerte.
Musik von Beethoven, Chopin oder Mozart.
Klavierkonzerte. Streichquartette.
Mit beiden Händchen.
Mit dem schönen und dem bösen Händchen.
Und Helene schrieb mit dem bösen Händchen. Das war eine Sensation.
Viele Kinder hatten umlernen müssen. Helene nicht.
Sie schrieb mit aufrechten Buchstaben und bekam in Schrift eine Eins, obwohl sie mit dem bösen Händchen schrieb.
Darauf war sie stolz.

Stephan hatte einen Mecki: Haarstoppeln wie ein Igelbaby, und Helene liebte ihren Bruder. Er war ihr Verbündeter.
Sie zogen sich abends ihre Schlafanzüge und ihre gestreiften Bademäntel an, gingen ins Treppenhaus, machten die Wohnungstür hinter sich zu, kicherten und klingelten gleich darauf Sturm. Die Mutter öffnete und sie sagten ihr, dass sie zum Fernsehen kämen. Die Mutter und der Vater stellten Salzstangen vor die Kinder und sie schauten sich gemeinsam das Sandmännchen an.
Im Schwarz-Weiß-Fernsehen.
Das Sandmännchen war freundlich und versprach, dass die Welt heil und gut sei und dass alle Kinder behütet seien.
Alle sangen:

Abend will es wieder werden, alles geht zur Ruh.
Und die Kindlein auf der Erden machen ihre Äuglein zu.

Das war schön und damit ließ es sich gut in diesem riesengroßen Berlin leben, in diesem Dunkel ohne Gesicht.

Der Schwarz-Weiß-Fernseher war eine Besonderheit, um die einige Kinder in ihrer Klasse Helene beneideten. Als John F. Kennedy im November 1963 in Dallas erschossen wurde, durfte Helene drei Kinder aus ihrer Klasse einladen, damit sie alle zusammen die Kennedy-Familie im Fernseher erleben konnten. Die Kinder saßen auf dem Boden vor dem Fernseher.
John F. Kennedy war in Berlin gewesen. Im Rathaus Schöneberg. Er hatte gesagt, dass er auch ein Berliner sei. Einer von dieser Stadt. Einer, der sie alle beschützen würde. Er war stark und sprach, als ob er Kaugummi kaute. Helene dachte, dass sie selbst wie Kennedys Tochter Carolin sei.
Und Stephan wie sein kleiner Sohn John. Eigentlich war ihre Familie genau wie die Kennedys.

Beim Abendbrot beobachtete sie ihren Vater. Sie sah sein aufgeschwemmtes Gesicht und seinen breiten, dicken Körper und dachte, dass John F. Kennedy ganz anders ausgesehen hatte.
Auf einmal bekam sie Angst um ihren Vater, da es doch wohl möglich war, dass Väter sterben können.
Und Mütter?
Helene bekam seltsame Gedanken:
Wenn das schwarze Kohleauto nicht in der Einfahrt zur kleinen Fabrik stand, könnte es sein, dass ihre Mutter nicht zu Hause wäre, wenn Helene von der Schule kam, dachte sie.
Dann könnte es sein, dass ihre Mutter überfahren worden wäre oder erschossen, dachte sie.
All das könnte sein, wenn das Kohleauto nicht in der Einfahrt stände.
Also erst über die große Kreuzung, dann am Kino mit den Bildern von Verliebten vorbei, dann auf dem Moosmäuerchen balancieren, dann blitzschnell in die Einfahrt spähen und – Gott sei Dank – da stand das schwarze Kohleauto!

Mittag für Mittag.

Zu wem sollte Helene auch gehen, wenn ihre Mutter nicht da wäre?

Sie wusste nicht, wo das Büro ihres Vaters im großen Berlin war.

Und die Leute im Haus mochte sie nicht.

Eher die schöne junge Mutter mit dem kleinen Martin am Ende der Straße.

Den durfte Helene manchmal im Kinderwagen ausfahren.

Ja, zu der schönen jungen Mutter würde sie hingehen.

Aber die hatte immer so viel zu tun mit ihren fünf Kindern.

1964

Heimlichkeiten

Einmal war Helene jedoch nicht vorsichtig, als sie mit dem kleinen Martin im Frühjahr auf dem Spielplatz war. Da sprach sie ein dünner, älterer Mann in einem schlabberigen, grauen Anzug an. Sie saßen nebeneinander auf der Bank und Martin spielte im Kinderwagen mit seiner karierten Ente.

Der Mann fragte, ob Helene mit dem Kleinen zu ihm in die Wohnung kommen wolle. Er würde ihr gerne ein Glas Limonade schenken. Mandarinenlimonade.

Helene sagte ja. Erwachsen und selbstbewusst.

Sie gingen zu einem Hochhaus und fuhren in den 4. Stock.

In der Küche des Mannes nahm Helene den kleinen Martin und die karierte Ente auf ihren Schoß. Der Mann stellte ein Glas Mandarinenlimonade vor Helene auf den mit Plastik bezogenen Küchentisch und die beiden unterhielten sich über dies und das.

Dann begleitete der Mann Helene und den Kinderwagen mit Martin und der Ente wieder zum Spielplatz zurück.

Helene gab Martin bei der schönen jungen Frau ab und trottete nach Hause.

Sie kam sich groß vor, eigenständig und ein bisschen böse.

Aber darüber sprach sie mit niemandem.

Als sie wieder einmal groß, eigenständig und böse war, wurde sie aber entdeckt. Und das war nicht witzig.

Der Sommernachmittag hatte harmlos begonnen.

Helene war bei einem etwa sechsjährigen Mädchen zu Besuch, deren älterer Bruder in ihre Klasse ging. Die Familie wohnte nur ein paar Straßen weiter.

Und wie die beiden Mädchen sich so beim Spielen unterhielten, fiel Helene das Jagdschloss Grunewald ein. Das hatte ihre Familie am vergangenen Wochenende besichtigt.

Kennst du das?
Nein!
Da lebten echte Prinzessinnen! Die hatten einen Stuhl mit einem Loch in der Mitte, unter dem eine Schüssel hing. Und dann machten die Prinzessinnen auf dem Stuhl Pipi.
Nein!
Doch! Willst du das Schloss mal sehen?
Ja!
So brachen die beiden auf. Ohne Bescheid zu sagen, versteht sich.
Die erwachsene Helene und die ahnungslose Kleine.
Der wollte Helene etwas von der großen, weiten Welt zeigen.
Sie liefen die Hauptverkehrsstraße entlang bis zur Bushaltestelle an der Kreuzung. Von dort war Helene mit ihren Eltern und Stephan auch in Richtung Grunewald abgefahren.
Wir fahren diesmal mit dem Bus, hatte der Vater gesagt, *dann hat das Auto auch frei am Wochenende.*
Als der doppelstöckige gelbe Bus kam, stiegen die beiden Mädchen ein. Ohne zu bezahlen, versteht sich.
Und als der Schaffner *Jagdschloss Grunewald* rief, stiegen sie aus.
Sie gingen über eine Straße und liefen über Sandboden im Kiefernwald.
Überall lagen Kiefernzapfen und Kiefernnadeln.
Es war ein herrlicher Tag!
Sie fassten sich an den Händen und sprangen über herumliegende Äste.
Von Ferne entdeckten sie bei einem See das hell gestrichene Jagdschloss.
Das kleine Mädchen wurde ganz still und weinte auf einmal los.
Ich will zu meiner Mama, sagte es und schluchzte.
Das ging Helene durch Mark und Bein, dieses Schluchzen.
Na gut, dann würden sie eben diesmal auf eine Schlossbesichtigung verzichten. Dann würden sie eben schnurstracks wieder nach Hause fahren.

Aber gesehen hatten sie das Schloss und das war den Ausflug wert.
Die Kleine weinte den ganzen Rückweg auf den Sandwegen
und die beiden hatten kein Taschentuch bei sich.
Da blieb Helene stehen und reichte dem Mädchen einfach den
Ärmel ihrer grüngetupften Bluse. Mitten im Grunewald.
Da rein kannst du deine Nase putzen!

Der Ärmel klebte noch von weißem Schleim, als sie mit der
Kleinen später in deren Garten auf dem Apfelbaum saß.
Es war nur nicht gut, dass das Mädchen seiner Mutter haarge-
nau vom Ausflug in den Grunewald erzählte.
Die Mutter ließ fast das Tablett mit dem Apfelkompott fallen.
Das stimmt nicht, schrie sie in den Apfelbaum hinauf, *das
stimmt doch wohl nicht!*
Weil es aber die Wahrheit war, musste Helene sofort nach
Hause gehen und durfte nie mehr wiederkommen.
Die Mütter sprachen miteinander am Telefon.
Das hörte Helene beim Dirigieren durch die Wand.
Sie stellte das Orchester lauter.
Aber ihre Mutter schimpfte später nicht mit ihr.
Sie nahm Helene in ihre weichen Arme und drückte sie fest
an sich.
Sie sagte nur, dass solch ein Ausflug für kleine Mädchen viel
zu gefährlich sei. Und Helene kuschelte sich an ihre warme
Mutter und hielt etwas die Luft an.
So schön war dieser wundervolle Moment.

Dieser wundervolle Moment erinnerte an jenen Frieden, den
Helene abends im Bett beim Beten verspürte. Der Tag konnte
noch so gefährlich gewesen sein und die Einsamkeit in Berlin
kalt wie die Metallwände der Klimakammer: Wenn die Mutter
sich auf Helenes Bettrand im Doppelstockbett setzte und das
Vaterunser betete, wobei Stephan oben an den Holzrand seines
Bettes klopfte, war für Helene die Welt in Ordnung. Sie spürte
Geborgenheit und sicheren Schutz.

Ein schreckliches Ereignis

Schutz war aber wohl keine sichere Sache. Das musste Helene ein paar Wochen später erfahren.

Zunächst lief der alte Lehrer Rattke mit der vierten Klasse einen Kilometer ab. Von der Schule an der Hauptverkehrsstraße stadtauswärts, lange an den dichten, hohen Büschen vorbei, über eine Nebenstraße bis zur S-Bahn-Brücke.

Das ist exakt ein Kilometer, sagte Herr Rattke und sah auf seine Armbanduhr.

Wir haben genau fünfzehn Minuten dafür gebraucht.

Alle Kinder waren stolz, als hätten sie einen Preis gewonnen. Nun würden sie für den Rest ihres Lebens wissen, wie lang ein Kilometer war.

Unglaublich lang.

Immer, wenn der Vater mit der Familie in seinem Firmenwagen in Richtung Glienicker Brücke fuhr, kamen sie an dieser Strecke vorbei.

Dann sagte Helene: *Und das hier ist exakt ein Kilometer* und sah dabei interessiert aus dem Autofenster.

Ab Donnerstag, dem 12. September, schloss sie aber jedes Mal fest die Augen, wenn das Auto an den dichten Büschen vorbei fuhr.

Sie schloss die Augen so fest sie konnte.

Ein Mädchen aus ihrer Volksschule war auf dem Schulweg von einem Mann überfallen und in die Büsche geschleppt worden.

Er hatte das Mädchen dort vergewaltigt.

Das Wort *vergewaltigt* hörte Helene zum ersten Mal und es machte ihr Angst. Es hatte mit Übermacht und Wehrlosigkeit zu tun.

Helene stellte sich die Not des Mädchens vor. Sie stellte sich vor, dass es geweint und um sich getreten hat. Und sie hörte das Mädchen zu Gott um Hilfe rufen. Aber Gott half ihm nicht.

Warum nicht?, fragte Helene ihre Mutter abends beim Gute-Nacht-Sagen.

Warum hat der liebe Gott dem Mädchen nicht geholfen?

Die Mutter sah traurig aus und zuckte mit den Schultern. Sie hatte keine Antwort auf Helenes brennende Frage.

An diesem Abend betete Helene nicht mit der Mutter mit.

Sie lag in der Dunkelheit wach und spürte, dass etwas in ihr zerbrochen war. Etwas Sicheres, Zuverlässiges.

In Helenes Heimatkundeheft stand ein kleiner Aufsatz: *Als wir einen Kilometer liefen.* Mit ihrer schönen Schrift aus aufrechten Buchstaben geschrieben.

Darin berichtete Helene sachlich, wie die Kinder einen Kilometer abgelaufen waren. Dieser Text stand direkt nach den Strophen des Marschliedes:

> *Märkische Heide, märkischer Sand*
> *sind des Märkers Freude, sind sein Heimatland.*

Wobei Helene sich darunter wenig vorstellen konnte.

Schon gar keinen Märker.

Und schon gar nicht das Gefühl von Heimatland.

Das war für sie irgendwo anders.

Jedenfalls nicht in Berlin.

Und bei den Zeilen

> *Steige hoch, du roter Adler,*
> *hoch über Sumpf und Sand,*
> *hoch über dunkle Kiefernwälder,*
> *heil dir, mein Brandenburger Land*

sah sie immer einen großen, roten Vogel vor sich mit gelbem Schnabel und stechenden Augen. So eine Art Polizisten.

Aber die dunklen Kiefernwälder mochte sie.

Und manchmal schaute sie sich zu Hause ihren Bericht über den Kilometer an, machte an einem Nachmittag aus Versehen einen kleinen Schokoladefleck mit einem Schokoladefinger neben den Aufsatz, erschrak fürchterlich und versuchte, den Fleck mit einem feinen, spitzen Messer wegzubekommen. Doch der Fleck war widerspenstig und blieb.

Die Seite sah anschließend verknittert und verschmiert aus.

Na gut, dachte Helene, *das ist eben auch ein schreckliches Ereignis gewesen.*

Ein schreckliches Ereignis, das mit der Vergewaltigung.

Auch, wenn es im Text nicht direkt vorkam. Aber in Helenes Gedanken.

Schreiben

Wenn ihre Mutter ihren Vater auf Geschäftsreisen begleitete, kam die alte Tante Annie, um Helene und ihren Bruder zu hüten.

Flöhe hüten, sagte Tante Annie dazu.

Sie war kaum größer als Helene, hatte einen krummen Rücken und trug einen fest gesteckten, weißen Haarknoten.

Tante Annie war ein ganz besonderer Mensch und sie glaubte Helene alles.

Sie glaubte ihr, dass Helene und ihr Bruder jeden Mittag mehrfach mit Anlauf in den teuren Ohrensessel springen durften.

Sie glaubte ihr, dass Milchreis mit Zucker und Zimt die Kinder kräftig machte, und kochte ihn deshalb jeden zweiten Tag.

Sie glaubte, dass Helenes Halsdrüsen stark geschwollen waren und Helene deshalb leider nicht zur Schule gehen konnte.

Sie glaubte Helene auch, dass es trotzdem ganz wichtig sei, dass Helene am selben Nachmittag eine Theateraufführung in der Stadtbücherei besuchte.

So verkleidete sich Helene mit der Lederhose ihres Bruders, einem weißen Hemd ihres Vaters und einem seiner Trachtenhüte mit eingesteckter Feder und wartete hinter einem Baum auf das Auto, das sie zur Bücherei fahren sollte. Es gehörte der Mutter ihrer Schulfreundin Harriet.

Harriet lachte, als Helene ins Auto stieg.

Wie du aussiehst!

Helene verzog keine Miene. Verkleidung ist Verkleidung.

Aber als sich ein Junge aus ihrer Klasse während der Vorstellung zu ihr umdrehte, sie anglotzte und ihr dann einen Vogel zeigte, war ihr der ganze Nachmittag verdorben.

Wortlos ließ sich Helene nach Hause fahren, schlüpfte hastig aus dem Auto und rannte ins Haus.

An einem solcher Tage, an dem alle anderen Kinder wieder in der Schule waren, Helene jedoch auf dem Sofa neben dem Fernseher lag, machte sie eine Entdeckung, die ihr Leben entscheidend veränderte.

Zunächst muss vorausgeschickt werden, dass sie am Tag zuvor mit dem kleinen Zeh gegen den Holzfuß des Wohnzimmertisches gestoßen war. Der kleine Zeh schwoll an und wurde rotblau, so dass Tante Annie und Helene beschlossen, dass Helene lieber ein paar Tage zu Hause bleiben sollte. Zumindest so lange, bis ihre Eltern von der Geschäftsreise zurück waren.

So lag Helene stundenlang auf dem gelben Samtsofa im Wohnzimmer und langweilte sich. Die schwarzen Schallplatten mit Grimms Märchen kannte sie auswendig. Sie wusste genau, an welcher Stelle sie aufstehen und die Plattennadel leicht anstoßen musste, damit sie nicht in der schwarzen Rille hängenblieb und immer das gleiche Wort wiederholt wurde.

So lag Helene auf dem Sofa und wanderte mit ihren Augen durch den Raum.

Doch eines Morgens nahm sie einen Stift und ein Stück Papier und begann zu schreiben. Kleine Tiergedichte aus ihrer Phantasie. Über Affen und Bären.

Kleine, sich reimende Gedichte.

Der Affe

Der Affe klettert ganz geschwind
wie ein kleiner Wirbelwind
die Gitter rauf und runter.
Die Leute gehen ans Gitter heran,
sie schauen sich den Affen an
und haben ihre Freude dran.

Sie schrieb über Jahreszeiten, über Hinterhöfe, Ruinen und Mauerreste.

Über Zerbrochenes.

Sie schrieb über den Bruder ihres Vaters. Er hieß Peter, musste mit 18 Jahren im Krieg in Russland an der Front kämpfen und niemand wusste, wo er nun war. Ob er überhaupt noch lebte. Über solch ein Schicksal schrieb Helene mit aufrechten Buchstaben und roten Backen.

Dann schlief sie ein. Vor Erschöpfung und Stolz.

Als sie aufwachte, spürte sie, etwas Eigenes in sich entdeckt zu haben, konnte es sich selbst kaum glauben. Helene war glücklich und erschrocken zugleich.

Sie dachte, dass sie das alles vielleicht irgendwo abgeschrieben hatte, aber sie wusste nicht, wo.

Nein, als sie ihre Zeilen noch einmal las, merkte sie, dass alles Geschriebene aus ihr selbst gekommen war. Sie merkte, dass sie in ihrer Phantasie Menschen erfinden konnte, Situationen, Tag und Nacht, Geräusche und Gerüche.

Helene saß vor Aufregung kerzengerade auf dem Sofa, und als Tante Annie ein Glas warme Milch für sie auf den Tisch stellte, brachte Helene vor Freude kein Wort heraus.

Dieser beglückende Zustand wohnte nun in Helenes Innerem. Sie wusste nur nicht, wie sie damit umgehen sollte.

So ließ sie sich damit in Ruhe, empfand nur bei jedem weißen Blatt Papier eine heimliche, erwartungsvolle Freude.

Dangerous!

Tante Annie begleitete die Familie häufig auf ihren sonntäglichen Spaziergängen im Grunewald.

Sie bewohnte zwei gemütliche Zimmer in einem Altenheim in Schlachtensee, in denen es nach Rosen, Kölnisch Wasser und Keksen roch.

Von dort holte die Familie Tante Annie mit dem Auto ab.

Im Grunewald ging sie stets nach vorne gebeugt und hatte die Hände auf dem Rücken verschränkt. Es war eher ein Stapfen als ein Gehen.

Helene liebte die alte Tante Annie. Sie erzählte ihr oft von einem Krankenhaus in der Französischen Schweiz, in dem sie in einem Labor gearbeitet hatte.

Oder von ihrem Lazarettdienst an der Ostfront im eisigen Winter 1944.

Dort war sie als Krankenschwester eingesetzt, hatte verwundete Soldaten gepflegt, verbunden oder ihnen beim qualvollen Sterben beigestanden.

Helene hörte lieber die schönen Geschichten aus der Schweiz.

Dorthin fuhr Tante Annie manchmal, um alte Bekannte zu besuchen.

Dann brachte sie Helene und Stephan Schokolade mit. Echte Schweizer Schokolade in kleinen Täfelchen, auf denen Schweizer Berge und der Genfer See mit seinen Wasserfontänen zu sehen waren.

An einem Sonntagnachmittag fuhr die Familie auf einen Parkplatz im Grunewald, den sie noch nicht kannten. Ein Arbeitskollege von Helenes Vater hatte den Tipp gegeben.

Stephan hatte natürlich seinen Fußball dabei. Damit spielte er jeden Nachmittag im Hinterhof. Er titschte den Ball gegen die Hauswand oder dribbelte ihn quer über den Hof.

Hier im Wald konnte er sich noch mehr austoben.

Hier konnte er eine «Bombe» nach der anderen hoch in die Luft schießen.

Helene war völlig unsportlich. Sie schaffte es nicht einmal, den Ball genau mit dem Fuß zu treffen. Umso mehr bewunderte sie die Sportlichkeit ihres kleinen Bruders.

Der schoss den Ball über die Sandwege, rannte hierhin und dorthin wie ein junger Spürhund. Lachte und lachte.

Das alles war Helene viel zu anstrengend. Sie hatte sich bei Tante Annie untergehakt, lauschte deren Erzählungen von einem Mädcheninternat, das sich direkt neben dem Schweizer Krankenhaus befand. Tante Annie wurde dorthin gerufen, wenn eine Schülerin erkrankt war. Alle Mädchen trugen dunkelblaue Schuluniformen und blaue Schlipse, die am Hals zu Knoten gebunden wurden. Das fand Helene hochinteressant.

In dem Moment schoss der kleine Bruder den Ball über ein weiß-rotes Plastikband, das vor den Kiefern entlang gespannt war.

Er wollte hinterherrennen, doch der Vater schrie mit scharfer Stimme:

Halt! Komm sofort her!

Tante Annie hörte vor Schreck auf zu erzählen und Helene blieb wie angewurzelt stehen.

Warum?, schrie der kleine Bruder zurück. *Ich hole meinen Ball!*

Nein!, rief der Vater. *Das machst du nicht! Komm sofort her!*

Angst war in seiner Stimme. Angst und Entsetzen.

Hä?, schrie der kleine Bruder und wollte unter dem weiß-roten Plastikband durchkriechen.

Bleib sofort stehen! Sonst fliegst du in die Luft!

Mit ein paar großen Schritten war der Vater bei Stephan, hielt ihn am Arm fest und schüttelte ihn.

Das ist DDR-Gebiet, brüllte er. *Da liegen versteckte Minen, weil man dort nicht hin darf. Es darf niemand aus Ostberlin durch dieses Gebiet flüchten. Sonst fliegt er in die Luft und wird in tausend Stücke zerrissen, verstehst du.*

Der kleine Bruder zitterte am ganzen Körper.

Kommt, ich zeige euch ein Schild!, rief der Vater.
Alle liefen zu einem großen, weißen Schild.
Darauf stand mit schwarzen Buchstaben:

YOU ARE LEAVING
THE
AMERICAN SECTOR
SIE VERLASSEN DEN
AMERIKANISCHEN
SEKTOR

Die Mutter strich Helenes kleinem Bruder über die verschwitzten Stoppelhaare.
Ich mache mal ein Foto von euch vor dem Schild, sagte sie und zog ihren Fotoapparat aus ihrer Handtasche.

Das Schwarz-Weiß-Foto:
Ein Schild mit einer Aufschrift auf einem Holzpfahl mitten im Kiefernwald. Daneben ein Mädchen mit blumentopfähnlichem Haarschnitt in einem gemusterten Anorak auf einem Bein stehend, das andere angewinkelt gegen den Holzpfosten gestellt. Eine Hand greift an die obere Ecke des Schildes. Zu Boden blickend.
Vor dem Pfahl hockend ein Junge in einer Lederhose.
Sein Blick ist müde. Müde und traurig.

So, sagte Stephan, als die Mutter das Foto gemacht hatte, *und jetzt angele ich mir meinen Ball mit einem Stock.* Er bückte sich nach einem langen, schwarzen Kiefernast.
Das machst du nicht, verbot der Vater.
Stephan schob die Unterlippe vor. *Doch!*
Einen Moment sah es so aus, als ob er allen Widerständen zum Trotz seinen Fußball zurückholen würde.
Dann ließ er auf einmal kraftlos seine Arme sinken und der Stock fiel zu Boden.

Mitten auf dem Sandweg stand Helenes kleiner Bruder und fing an zu weinen.

Nicht leise in sich hinein, sondern richtig laut.

Es war ein kummervolles Heulen durch den Grunewald.

Helene wusste genau, wie weh es ihrem Bruder tat, dass er seinen Ball verloren hatte. Seinen geliebten Ball, der keine fünf Meter von ihm entfernt im Heidekraut lag und unerreichbar war.

Alle gingen langsam weiter.

Mutter und Vater eingehakt vorneweg.

Dann Tante Annie und Helene.

Stephan trottete hinterher, kickte Kiefernzapfen zur Seite.

Tante Annie drehte sich zu ihm um, winkte ihn zu sich.

Ich kauf dir einen neuen Ball, versprach sie ihm und legte den Arm um Stephan. *Das ist doch klar.*

Helene freute sich und ihr Bruder verschmierte mit dreckigen Sandfingern seine Tränen durch sein Gesicht, lächelte Tante Annie zu.

Am gleichen Abend sprach der Vorsitzende des Staatsrats der DDR Walter Ulbricht im Fernsehen. Seine Stimme war piepsig und hoch.

Die Kinder saßen frisch gebadet in ihren gestreiften Bademänteln auf dem Boden im Wohnzimmer, aßen Salzstangen aus einem bunten Becher und starrten auf den Bildschirm.

Lachende Mädchen und lachende Jungen turnten auf einem großen Platz.

Ein Mädchen mit Zöpfen schenkte Walter Ulbricht einen Blumenstrauß und machte vor ihm einen tiefen Knicks.

Helene knabberte an einer Salzstange.

Alle Kinder sahen glücklich aus. Alle Erwachsenen hatten fröhliche Gesichter.

Wussten sie nicht, dass sie Ostberlin nicht verlassen durften?

Wussten sie nicht, dass der Grunewald voller Todesminen war?

Walter Ulbricht sprach in ein Mikrofon, dass er die Bewohner der DDR schützen wolle vor den Feinden von außen. Darum habe er die Mauer bauen lassen.

Das hatte die Mutter Helene auch erklärt.

Helene dachte nach, aber sie verstand das nicht.

Wer schützte wen vor wem? Und warum?

Alle auf!, rief ihr kleiner Bruder und strahlte.

Tatsächlich! Der bunte Becher war leer.

Die Eltern tranken Wein aus dunkelgrünen Weingläsern.

Nach dem Sandmännchen geht es ab ins Bett, sagte die Mutter.

Helene lehnte sich gegen den Sessel, in dem ihr Vater saß.

Sie ersehnte das Sandmännchen mit seiner liebevollen Stimme und seinen lustigen Gute-Nacht-Geschichten.

Heute Abend besonders.

Lesen, schreiben und schreiben

Es war ein stürmischer Tag, als ihre Mutter mit Stephan und Helene mit der S-Bahn in Richtung Wedding fuhr. Die Mutter wollte zwei Frauen, die in einer kleinen Leihbücherei arbeiteten, vier aussortierte Bücher bringen.

Der Wind rüttelte an den Schiebefenstern der S-Bahn und die Waggons ächzten auf den Schienen hin und her.

Helene sah Parkanlagen mit Blumen, Sträuchern und hohen Bäumen und schöne, alte Villen mit verglasten Wintergärten.

Sie sah verfallene Ruinen mit zersplitterten Fenstern und rostige, von Gras überwucherte Schienen. Schuppen mit offenstehenden Türen und Berge von Backsteinen.

Reste des Krieges.

Reste von Zerstörung und Hass.

Helene fror.

Ihr Bruder stand breitbeinig im Gang und verlagerte das Gewicht von einem auf den anderen Fuß. Er trug eine weiße Pudelmütze und weigerte sich, sie in der S-Bahn abzusetzen.

Da nahm die Mutter ihm kurzerhand die Mütze vom Kopf und stopfte sie in die grüne Stofftasche auf die Bücher.

Nun hat die liebe Seele Ruh, sagte sie.

In der Bücherei saßen zwei Frauen an einem Tisch und aßen Butterbrote.

Vor ihnen standen zwei geblümte Tassen mit dampfendem Tee.

Es roch nach altem Papier und Leberwurst.

Dunkelbraune Regale voller Bücher füllten den Raum.

Auf dem Holzbrett vor den dreckigen Fenstern stapelte sich Papier.

Helene ging zu den Regalen, strich über bunte Bücherrücken mit gelblichen Schildchen, auf denen dicke, schwarze Buchstaben standen.

Welche Welt sollte sie öffnen?

Plötzlich stand eine der Frauen dicht neben ihr.

Liest du gerne?

Helene nickte.

Ich kenne Leute, die selber Bücher schreiben, sagte die Frau, als offenbare sie Helene ein Geheimnis. *Sind oft komische Menschen. Sind oft bisschen seltsam.*

Die Frau kicherte und wischte sich über den Mund.

Such dir was aus, sagte sie, *und auch was für deinen Bruder.*

Helenes Bruder saß am kleinen Tisch.

Er öffnete und schloss eine Plastikdose. Klack, klack.

Helene nahm für ihn ein Buch über den Berliner Zoo und steckte es in die Stofftasche.

Und für sich selbst?

Wie alt bist du?

Neun Jahre.

Dann kannst du ja schon Abenteuerbücher lesen. Oder Internatsgeschichten.

Helene zog ein Buch aus dem Regal, in dem Gedichte standen.

Und jetzt?

Gedichte? Die sind noch nichts für dich.

Helenes Herz klopfte schneller.

Ich will …, begann sie, brach schnell ab, weil sie nicht *will* sagen durfte.

Der Willi wohnt im Wald, pflegte der Vater zu sagen und damit war das Thema vom Tisch.

Ich möchte dieses Buch ausleihen.

Mit fester Stimme.

Erstaunte Blicke der beiden Frauen, der Mutter.

Dann nimm es mit.

Später begleiteten die beiden Frauen die Mutter, Helene und ihren Bruder zur Eingangstür mit dem metallenen Glöckchen.

Die drei verließen den vollgestopften Raum.

Vollgestopft mit Geschichten und Gedichten und dem Geruch nach altem Papier und Leberwurst.

In der S-Bahn hielt Helene die Tasche mit den Büchern auf dem Schoß wie einen kostbaren Schatz.

Sie war gespannt, was sie in den Gedichten lesen würde.

Was sie beim Lesen lernen konnte. Für ihr eigenes Schreiben lernen konnte.

Helene sah ihr rundes Gesicht mit den glatten, dunklen Haaren in der Fensterscheibe der S-Bahn.

Vielleicht war sie selbst auch seltsam?

Auch ein komischer Mensch, weil sie sich eigene Texte ausdachte?

Die S-Bahn rollte durch die große Stadt Westberlin mit ihren Millionen Menschen. Es war stockdunkel vor den Fenstern, zugleich voll flimmernder Lichter. Und in der S-Bahn sprang ein kleiner Junge im Gang von einem Fuß auf den anderen und pfiff eine Melodie und seine Schwester wollte am liebsten weinen, so schmerzhaft zerreißend war die Vorfreude auf das Buch in der grünen Stofftasche.

Helene schrieb einige Wochen keine eigenen Texte mehr.

Sie wusste nicht, worüber und wie.

Aber sie sammelte Vieles in ihrem Gedächtnis.

Zum Beispiel die Gleichzeitigkeit, mit der ihr Vater auf der schmalen Holzbrücke über dem Krokodilbecken im Zoo auf die Beatles, die vier Pilzköpfe, schimpfte und zwei Krokodile ihr Maul aufsperrten. Ganz weit und so, dass Helene Reihen von spitzen Zähnen sehen konnte.

Die tropische Luft war feucht und klebrig. Großblättrige Pflanzen ragten bis unter die Decke und Vögelchen schwirrten mit bunten Federn umher und stießen schrille Schreie aus *Die Knaben sollten mal lieber zum Friseur gehen, anstatt wie die Affen mit langen Haaren herumzurennen,* sagte der Vater, *und dann noch ihre grässliche Musik! Huppedanz!*

Helene starrte in den dunklen Rachen der Krokodile.

Im Radio hatte sie die Beatles singen gehört und in der Zeitschrift *Bravo* auf der Titelseite ihre Gesichter gesehen.

Ihre langen Haare gesehen. Wie von Mädchen.

Helene starrte weiter in den Rachen der Krokodile.

Na und?

Ist mal etwas anderes.

Vielleicht sind die Beatles auch seltsame Menschen?

Vielleicht irgendwie Verwandte von Helene?

Weiter, Frollein, du hältst hier alle auf. Der Vater schob sie voran.

Helene erschrak. Eilig lief sie weiter.

Helene schrieb über Krokodile, über deren unstillbaren Hunger und über ihre spitzen Zähne. Und sie schrieb kurze, kleine Gedichte.

Einmal sogar nachts, als sie nicht schlafen konnte. Da sprangen Bilder in ihrem Kopf herum und sie konnte nicht anders als aufstehen, aus ihrem Ranzen ihr Deutschheft herausziehen und da hinein ein paar Zeilen schreiben.

Lachend, weil ihre Ideen so komisch waren.

Laut lachend im Nachthemd auf dem Boden im halbdunklen Flur sitzend und den Stift über die Zeilen gleiten lassend, als ob ihr die Welt gehöre und die tiefe Nacht und der Schlaf und die Krokodile mit der schuppigen Lederhaut.

Einfach alles.

Alles, was sie wollte.

Wollte!

Und der Willi konnte im Wald bleiben.

Der interessierte sie nicht.

Helene beschäftigte sich in dieser Zeit viel mit Tieren.

Das lag nicht in der Familie.

Niemand liebte Bären oder Leoparden oder Krokodile.

Nur Helene.

Und ein bisschen ihr kleiner Bruder.

Er konnte auch nicht anders, als sich mit Tieren beschäftigen, denn Helene hatte mit der Schere Tiere aus einem Zooführer

ausgeschnitten und die beiden lagen stundenlang nebeneinander auf dem Teppich im Wohnzimmer und spielten mit
den Papiertieren. Schulklasse zum Beispiel oder Ausflug oder
Krieg. Krieg, der zerstörte und Menschen traurig machte. Und
stumm.

Flamingozeichner

Wie sehr staunte Helene aber, als Roland, der in der Schule neben sie gesetzt wurde, eines Tages Flamingos zeichnete.
Ja, Roland war ein Mensch, der auch Tiere liebte. Das hatte Helene nicht erwartet. Schon gar nicht in der Schule.
Erst saß Roland wochenlang regungslos neben Helene auf seinem Stuhl und starrte auf seine abgebissenen Fingernägel.
Dann begann er plötzlich, diese großen Vögel zu zeichnen.
Flamingos kannte Helene noch nicht. Die waren nicht in ihrem Zooführer abgebildet.
Die Flamingos sind alle nur für dich, flüsterte Roland und schob Helene auf dem Holzpult kleine Zettel zu.
Auf jedem Zettel ein Flamingo.
Mit Bleistift umrandet und mit Buntstiften sorgfältig ausgemalt.
Helene nahm die Zettel und besah die Tiere.
Wunderschöne, dünne Vögel mit rosaschimmerndem Federkleid.
Sie standen auf einem Bein, hatten das andere angewinkelt.
Nur für mich? fragte sie leise.
Nur für dich! Roland nickte.
Der Unterricht begann.
Danke, sagte Helene leise und schob die Zettel in ihr Federmäppchen.
Wenn du willst, dann mal ich dir mal Koalabären, flüsterte Roland.
Helene wusste nicht, wie Koalabären aussahen.
Ja, flüsterte sie zurück, *ja.*
Roland war neu in der 4. Klasse.
Wesentlich älter als die Klassenkameraden, mit leichtem Flaum auf der Oberlippe und längeren Haaren. Bis auf den Kragenrand seiner Pullover.

Roland lebte mit seiner Schwester Regina in einem Kinderheim.

Die beiden hatten keine Eltern mehr. Jedenfalls konnten sie nicht bei ihren Eltern leben. Aus welchen Gründen auch immer.

Das hatte der Lehrer Helenes Klasse erzählt, bevor Roland kam. Damit alle Bescheid wussten.

Das war auch für die Eltern wichtig und darum bekamen alle Kinder einen Brief von der Schule mit nach Hause.

So einer kommt in Helenes Klasse, sagte Helenes Vater, als ihre Mutter ihm abends den Brief zu lesen gegeben hatte. Er runzelte die Stirn und hob eine Augenbraue.

Roland war Helene völlig egal. Bis zu dem Moment, als er ihr überraschend Flamingos zuschob. Da schlug ihr Herz schneller und sie lächelte ihm zu.

Von da an freute sich Helene jeden Morgen auf die Schule.

Sie freute sich, wenn Roland neben ihr saß und mitten im Unterricht zu zeichnen begann.

In ihrem Federmäppchen türmten sich mit der Zeit zerknitterte Tierbilder und Helene beschloss, Roland ein Gedicht zu schenken.

Ein Gedicht, von Helene selbst geschrieben, das von einem Bären handelte.

> *Im Zoo gibt's viele Bären,*
> *darunter ist auch Stups.*
> *Er gibt den anderen Bären*
> *manchmal 'nen sanften Schubs.*
> *Die andern spielen fröhlich,*
> *Stups liegt im Sonnenschein.*
> *Er denkt ja nicht im Traum daran,*
> *ein Bär wie die andern zu sein.*

Helene schrieb diese Zeilen auf ein Stück kariertes Rechenpapier.

Morgen würde sie den Zettel zu Roland hinschieben.

Einfach so über das gemeinsame Holzpult in der Klasse.

Dann würde er das Gedicht lesen und sich wundern und Helene zulächeln mit seinem feinen Lächeln. Das war so anders als das Lachen der Klassenkameraden. Und dann würden sie jeden Tag tauschen: ein Tier gegen ein Gedicht, ein Gedicht gegen ein Tier. Und sie hätten ein Geheimnis. Sie waren beide seltsam. Zwei seltsame Menschen nebeneinander. Helene schloss die Augen. Und dann würde sie Regina kennenlernen, Rolands ältere Schwester.

Regina, die Königin. Diese Königin würde Helene irgendwann kennenlernen.

Und sie würde Roland zu sich nach Hause einladen, damit der Vater wüsste, was das für ein großer, feiner Junge war. Dann würde er nicht mehr die Stirn runzeln.

Und die Mutter würde Reibeplätzchen backen und Roland würde essen und essen und essen. Fünfzehn Reibeplätzchen, weil er keine Eltern hatte und so etwas Leckeres nie bekam.

Helene faltete das Bärengedicht zusammen und schob es vorsichtig zwischen die Stifte in ihrem Federmäppchen.

Am nächsten Morgen fehlte Roland in der Schule.

Auch am übernächsten Morgen.

Auch am überübernächsten Morgen und dann stand etwas in der Zeitung, das den Vater wieder die Stirn runzeln ließ:

Geschwisterpaar knackte Automaten.

Diese Überschrift las er beim Frühstück laut vor.

Er las von einem Roland G., der in der Nacht zum Dienstag mehrere Automaten an der Hauptverkehrsstraße geknackt und einen Polizisten brutal verletzt hatte. Seine Schwester Regina G. hätte Schmiere gestanden. Die Geschwister seien aus einem Kinderheim ausgerissen und ständen nun Ende der Woche vor dem Jugendrichter.

War der nicht in deiner Klasse?, wandte sich der Vater an Helene.

Nein. Helene schüttelte den Kopf.

Nein, das war nicht der Roland, der neben ihr saß.

Wie im Film lief sie eine halbe Stunde später mit ihrem Schulranzen die Hauptverkehrsstraße entlang. Sah aufgebrochene Automaten, auch an der anderen Seite der Kreuzung oder neben der Bäckerei.

Und als Lehrer Rattke im Klassenraum eine Zeitung auseinanderfaltete und den Mädchen und Jungen die Straftat von Roland und Regina vorlas, da spürte Helene, wie ihre linke Hand kribbelte.

Wie verkrampft. Wie nicht mehr zu ihr gehörend.

Und sie spürte, dass sie am liebsten schreien würde.

Helene wartete in der Schule auf Roland. Jeden Morgen, tagelang, bis sie sicher in sich fühlte, dass er nie mehr wiederkam. Nie mehr.

Da nahm sie zu Hause das Bärengedicht aus ihrem Federmäppchen, stellte sich neben den gelben Mülleimer in der Küche, öffnete langsam die Klappe mit dem Fuß und zerriss ihr Gedicht. In klitzekleine Stücke.

Die warf sie einzeln in den Mülleimer. Weinte nicht, stopfte die Tränen in sich hinein.

Sie weinte auch nicht, als die Jungen auf der Straße Helene verprügelten.

Einer boxte ihr in den Magen und ein anderer zog so fest an ihren dunklen Haaren, dass sie sich tief zum Boden hinunterkrümmen musste.

Ihr kleiner Bruder sah zu.

Er hatte Helene aus der Wohnung geholt, weil die Jungen auf der Straße behauptet hatten, dass es keinen Nikolaus gäbe.

Das wollen wir aber mal sehen, hatte Helene gerufen, Stephan energisch bei der Hand genommen und war mit ihm mit großen Schritten aus dem Wohnhaus auf die Straße hinausgelaufen.

Wer hat das behauptet?, fragte sie ihren Bruder.

Helmut und Dickus! Da hinten an der Ecke!

Und dann ging alles ganz schnell.

Helene lief zu den Jungen hin, stellte sie zur Rede und erhielt sofort die Quittung, wurde verprügelt. Ihr Kopf dröhnte und ihr Magen schmerzte.

Helene drehte sich um und nahm Stephan an der Hand.

Komm, sagte sie mit zitternder Stimme, *bloß weg von diesen Blödmännern.*

Die beiden liefen über das Kopfsteinpflaster der Straße zum Wohnhaus zurück. An der Haustür drückte der kleine Bruder fest Helenes Hand.

Toll, Lenchen, sagte er und seine Stimme klang voll Bewunderung.

Da blieb Helene stehen, beugte sich zu ihm hinunter und küsste ihren Bruder auf seine raue Wange.

Fahrt in den Westen

Zu dieser Zeit starb Helenes Oma, die Mutter ihrer Mutter.
Auch so ein warmer Kuchen.
Ein warmer, weicher Kuchen, in den sich Helene hineinkuscheln konnte.
Und die Oma legte ihre Arme um Helene und Helene konnte nichts passieren.
Und die Oma lachte laut und herzhaft und alles, was Helene Angst machte, löste sich in Luft auf.
Diese Oma wohnte mit dem Opa in Westdeutschland.
Irgendwo bei tiefen Wäldern und einem Freibad mit Sprungturm.
Oft fuhren Helenes Eltern mit Helene und dem kleinen Bruder in den Ferien dorthin und die Oma öffnete die Haustür und breitete die Arme aus und konnte alle, alle umfangen.
Diese Oma war die Kellertreppe hinuntergefallen.
Genau dort, wo das rote Zwiebelsäckchen hing, das Helene ihr gehäkelt hatte.
Sie hatte ein Bein gebrochen und kam ins Krankenhaus.
Helene schrieb ihr dorthin einen lustigen Brief und Stephan malte ein Bild dazu.
Doch dann starb die Oma plötzlich im Krankenhaus.
Niemand hatte dort richtig auf sie aufgepasst.
Helenes Mutter hatte es den Kindern unter Schluchzen erzählt.
Sie saß auf Helenes Bettrand und konnte vor Weinen kaum sprechen.
Helenes Mutter hatte Sorge, dass die Oma nicht wirklich tot war, sondern dass alles ein Irrtum war und ihre Mutter lebendig begraben im Sarg lag. Tief unter der Erde.
Helene mochte das Weinen ihrer Mutter nicht.
Sie verstand ihre Trauer, aber sie fühlte sicher, dass die Oma tot war und nun bei Gott lebte. Gut aufgehoben und glücklich.

Helene schob ihre Mutter zur Seite und stand aus ihrem Bett auf.

Die Beerdigung ist am Freitag, sagte die Mutter, *aber da geht ihr nicht mit. Das ist nichts für Kinder. Wir bringen euch zu den Großeltern nach Bergisch Gladbach.*

Am Donnerstag saßen Helene und Stephan im Auto auf der Rückbank und hatten ihre kleinen Rucksäcke zwischen sich gelegt.

In Helenes Rucksack befanden sich Bücher, ihr Schlaftier Racky, ein leeres Schreibheft und ein paar Stifte.

Im Rucksack ihres Bruders gerollte *Micky Maus*-Hefte und sein Opabär.

Andere Zeitschriften durften nicht im Auto liegen, auch keine Zeitungen.

Schon gar nicht der *Spiegel* oder der *Stern.*

Dann würde es Ärger geben mit den Kontrolleuren am Übergang von Westberlin ins DDR-Gebiet und vom DDR-Gebiet nach Westdeutschland.

Sie würden schimpfen und schreien und die Familie in dunkle Bunker sperren.

Fünfundvierzig Minuten stand das Auto in einer langen Schlange am Kontrollpunkt Marienborn.

Ihr haltet den Mund und lacht nicht, sagte der Vater mehrfach, bis Helene und ihr Bruder kaum noch zu atmen wagten.

Der Vater kurbelte das Seitenfenster herunter, als sich ein Volkspolizist in Uniform dem Wagen näherte.

Haben Sie Hieb-, Stich- oder Schusswaffen dabei?, fragte er.

Der Vater schüttelte den Kopf.

Aussteigen und die Rückbank hochheben, befahl der Vopo.

Er sprach wie eine knarrende Tür und verzog keine Miene.

Na, da drunter liegt doch keiner, antwortete Helenes Vater lässig.

Einen Moment war es still.

Rausfahren und im Kontrollraum 3 vorstellen, knarrte der Vopo, zog den Kopf aus dem Fenster zurück und winkte das nächste Auto heran.

Der Vater kurbelte die Scheibe hoch und fuhr den Wagen langsam an den Bordsteinrand.

Mein Gott und jetzt, flüsterte Helenes Mutter.

Keine Ahnung. Ich komm gleich wieder, flüsterte der Vater zurück, stieg aus und verschwand in einer der grauen Baracken.

Helene und ihr Bruder saßen starr vor Schreck auf der Rückbank.

Sie wagten nicht zu sprechen.

Sie sahen andere Autos nacheinander an den Vopos vorbeifahren.

Sie sahen Stacheldraht auf Betonmauern und Beobachtungstürme und in den Türmen Vopos mit Ferngläsern.

Sie sahen die hohen Milchcontainer, in denen Vopos mit langen Stangen stocherten, weil sie dachten, dass sich darin Flüchtlinge verstecken könnten.

Sie sahen Schäferhunde an roten Leinen.

Sie warteten und warteten und hörten die Mutter leise weinen. Sie weinte seit Tagen wegen der Oma und nun noch dazu wegen des Vaters.

Helene und ihr Bruder drückten sich die Hände. Abwechselnd und kräftig.

So hatten sie etwas zu tun.

Endlich kam der Vater mit einem anderen Volkspolizisten zurück.

Der winkte mit der Hand, dass alle aussteigen sollten.

Helene stellte sich mit ihrer Mutter und ihrem Bruder neben das Auto und der Vater wuchtete die Rückbank hoch.

Die Rucksäcke lagen auf der Teerstraße.

Der Vopo schaute in den Wagen, drehte sich um und verschwand wortlos in der Baracke.

Helenes Vater wuchtete die Rückbank wieder zurecht und alle stiegen ein.

Er schwitzte, ließ sich auf den Fahrersitz fallen und startete den Motor.

Wortlos fuhr die Familie weiter, bedrückt und ernst.

Irgendwann drehte sich der Vater um und sagte zu den Kindern auf der Rückbank: *Glück gehabt!*
Dann lachte er und zündete sich eine Zigarette an.
Mit dem kleinen, runden Anzünder neben dem Steuer.
Dicker Qualm zog durch das Auto.
Dicker Qualm und dickes Glück. Beides zusammen.
Und als das Auto das DDR-Gebiet hinter sich gelassen, den Kontrollpunkt Helmstedt passiert hatte und auf der Autobahn durch Westdeutschland rauschte, begannen alle zu singen.

Im Frühtau zu Berge
wir zieh'n, fallera,
es blühen die Berge
und die Höh'n, fallera

und andere Volkslieder.
Helene sah aus dem Seitenfenster und fühlte sich frei wie die Vögel, die hoch am Himmel über die Hügelketten zogen.
Frei wie die flatternden Vögel und frei wie die Wolken und irgendwie leicht.
Zum Singen und zum Leben leicht.

Stille Nacht, Schnee und Schießbefehl

Vielleicht weinte ihre Mutter wegen ihrer verstorbenen Mutter auch im Weihnachtsgottesdienst in Berlin-Wannsee. Vielleicht dachte sie an die Oma.

Das konnte ja gut sein.

Helene saß in ihrem dunkelblauen Wintermantel eingepfercht zwischen dem Pelzmantel ihrer Mutter und dem lederharten Mantel eines Mannes oben auf der Empore der kleinen Kirche von Nikolskoe.

Der Raum mit der flachen, hellbraunen Holzdecke war voller Menschen.

Helene sah seitlich zu ihrer Mutter hoch und beobachtete blasse Tränen, die an ihrer Nase entlangkullerten.

Die Mutter stieß Helene fest mit dem Ellenbogen in die Seite, als wollte sie sagen: *Starr mich nicht so an!*

Weinst du wegen Oma?, flüsterte Helene.

Die Mutter schüttelte den Kopf.

Wegen Onkel Peter, flüsterte sie zurück.

Helene senkte den Kopf.

Ja, wo mochte Onkel Peter jetzt sein? Ganz allein in dieser Kälte? Und ihr Vater? Weinte der auch wegen Onkel Peter?

Helene beugte sich weit nach vorne und spähte an ihrer Mutter und ihrem Bruder vorbei zu ihrem Vater.

Wie ein dicker Fels saß der Vater da.

Wie ein unbeweglicher Fels in seinem schwarzen Mantel.

Aufrecht und starr.

Helene lehnte sich zurück und blickte zu den Kirchenbesuchern auf der gegenüberliegenden Empore. Sie sah Kinder in Wintermänteln, Männer mit hochgestellten Mantelkragen und fein gekleidete Frauen mit Hüten.

Als die Orgel zu spielen begann, bekam Helene vor feierlicher Freude Gänsehaut und schlug das schwarze Gesangbuch auf.

Nach einiger Zeit stieg der Pfarrer in seinem langen Umhang mit weißem Kragen auf die Kanzel in Höhe der Empore.

Da gegenüber hat früher die Königsfamilie gesessen, flüsterte die Mutter Helene zu und wies mit der Hand zur gegenüberliegenden Seite der Empore.

Oh ja, Helene sah alle genau vor sich: den König, die Königin und ihre Kinder.

Alle festlich gekleidet und die Mädchen trugen kleine, goldene Kronen.

Der Pfarrer erzählte, dass es vor ein paar Jahren sehr viel wert war, wenn man zu Weihnachten warme Handschuhe oder ein Stück Brot geschenkt bekam. Er erzählte von Kriegsheimkehrern und Flüchtlingen und dass es in den Städten überhaupt kein Licht gab. Vom Fliegeralarm erzählte er mit den heulenden Sirenen. Er erzählte von Maria, Josef und Jesus. Vom Stall in dunkler Nacht und von Armut. Alles durcheinander.

Irgendwann ging in der Kirche das Licht aus.

Es blieb eine schummerige Beleuchtung und in diesen Dämmerschein hinein spielte die Orgel *Stille Nacht, heilige Nacht*.

Helene konnte kaum den Text in ihrem Gesangbuch erkennen.

Sie zwinkerte mit den Augen, aber die schwarzen Buchstaben blieben krumme Striche.

Die Menschen kannten die vielen Strophen wohl auswendig, denn langsamer, tieftrauriger Gesang erfüllte den Kirchenraum wie eine schwere Wolldecke.

Helene spürte, wie der Pelzmantel ihrer Mutter zu zucken begann.

Stärker und stärker.

Ebenso zuckte der Ledermantel auf ihrer anderen Seite.

Helene saß zwischen zuckenden Mänteln und wusste, dass die beiden Menschen weinten. Ihr wurde eng ums Herz.

Sie musste tief Luft holen und kauerte sich in sich zusammen.

Als das Licht anging, putzten sich viele Menschen geräuschvoll die Nase.

Helene sah am Mantel ihrer Mutter vorbei zu Stephan. Er grinste ihr zu.

Helene grinste zurück. Sie dachte, dass sie nachher bei der Bescherung im Wohnzimmer bestimmt keine Wollhandschuhe oder Brot geschenkt bekommen würde. Vielleicht Bücher oder eine Hülle für ihre Blockflöte oder Briefpapier. Und für ihren Bruder läge ein neues Matchbox-Auto unter dem Weihnachtsbaum.

Noch ein paar Worte des Pfarrers, dann erhoben sich alle Menschen von den Plätzen und schoben sich aus der Kirche.

Fröhliche Weihnachten! Fröhliche Weihnachten!, riefen sie einander zu und der Pfarrer schüttelte am Ausgang allen die Hand.

Auch Helene und dabei sah er sie freundlich an.

Ja, jetzt waren alle fröhlich.

Alle Schwere und Traurigkeit blieben in der Kirche und wurden dort vom hellen Deckenlicht und den brausenden Orgelklängen verschluckt.

Draußen hatte sich inzwischen blauschwarzer Abend über die Bäume gesenkt.

Fröhliche Weihnachten, sagte Helenes Vater und nahm Helene in den Arm. Dann zog er sie und den kleinen Bruder an die runde Steinmauer des halbkreisförmigen Vorplatzes der Kirche. Es hatte leicht geschneit und auf dem Mauerrand ruhte eine pulverige Schneedecke.

Tief unterhalb des Platzes erstreckte sich das schwarze Wasser der Havel.

Da drüben ist wieder DDR-Gebiet, erklärte der Vater, *und die Zonengrenze verläuft mitten durch die Havel.*

Dann sieht man sie ja gar nicht, sagte Helene.

Die Grenze sieht man nicht, aber die Vopos leuchten immer auf das Wasser, ob da nicht jemand flüchten will. Den würden sie erschießen.

In dem Moment bewegte sich ein greller Scheinwerfer vom anderen Ufer über den Fluss. Schweigend und langsam. Er suchte die Wasseroberfläche ab, zog sich zurück und wiederholte seine Lichtbahn. Sonst war es finster auf der anderen Uferseite.

Rechts im Wasser liegt die Pfaueninsel, sagte die Mutter, *da fahren wir mal hin.*

Stephan hackte mit der Kante seiner Hand ein scharfes Zick-Zack-Muster in die pulverige Schneedecke.

Die Orgelmusik war verstummt.

Helene stand in der kalten Nacht an der Steinmauer, folgte mit den Augen dem stummen Lichtkegel über dem schwarzen Wasserband, spürte, wie ihr kleiner Bruder ihre Hand ergriff.

Komm!, rief er, *komm!*

Helene nickte.

Ja, nach Hause! Ins Wohnzimmer! Zum Weihnachtsbaum!

Dorthin, wo die stille Nacht warm und fröhlich war!

1965

Otto-Lilienthal-Denkmal

Euer Lehrer Rattke ist wirklich ein Juwel, sagte Helenes Großvater, wenn Helene ihm am Telefon von der Schule erzählte.
Helene wusste nicht genau, was ein Juwel war, aber sie merkte,
dass der Großvater ihren Klassenlehrer überaus schätzte. Vielleicht beeindruckten ihn die vielen Aktionen, die Lehrer Rattke
mit den Kindern unternahm.
Im Februar gerade war er mit seiner Klasse zur Berliner Ver-
kehrsgesellschaft BVG gefahren und die Jungen und Mädchen bekamen erklärt, wie die Busse in Berlin eingesetzt und
wie sie sauber gemacht wurden. Ein Junge durfte sogar hel-
fen, einen gelben Bus von oben bis unten mit einem Schlauch
abzuspritzen.
Nun sollte die Fahrt zum Otto-Lilienthal-Denkmal nach Lich-
terfelde gehen.
Lehrer Rattke trug wie immer bei den Ausflügen seine Knicker-
bockerhose, Hosenträger und ein kariertes Hemd. Helene
konnte sich gut vorstellen, wie er mit seiner Familie zum Wan-
dern in die Berge fuhr.
Fräulein Rapnow, eine junge Lehrerin, war als Begleitperson
dabei und die Kinder sangen im Bus

> *Bolle reiste jüngst zu Pfingsten*
> *nach Pankow war sein Ziel.*
> *Da verlor er seinen Jüngsten*
> *ganz plötzlich im Gewühl.*
> *Ne volle halbe Stunde*
> *hat er nach ihm gespürt,*
> *aber dennoch hat sich Bolle*
> *janz köstlich amüsiert.*

Helene stellte sich Bolle gedrungen und glatzköpfig vor. Ein bisschen wie Lehrer Rattke. Und «der Jüngste» sah in ihrer Vorstellung wie Stephan aus.

Lehrer Rattke und Fräulein Rapnow saßen vorne beim Busfahrer und unterhielten sich. Der Busfahrer war lustig und hupte anhaltend laut, als die Fahrt losging. Helene und Harriet tauschten ihre Butterbrote. Dann tauschten sie ihre Äpfel. Dann tauschten sie ihre Strickjacken.

Die Lilienthal-Gedenkstätte lag in einem großen Park. Mitten darin befand sich der Fliegeberg. Das war ein 15 Meter hoher Hügel, von dem aus Otto Lilienthal seine Flugversuche unternommen hatte. Er hatte ihn extra dafür aufschütten lassen.

Lehrer Rattke stand in der Mitte der Kinder und erklärte das Leben und Wirken von Otto Lilienthal und das Versuchsgelände.

Helene konnte sich gut vorstellen, wie Lilienthal hier mit seinen Segelapparaten das Fliegen ausprobiert hatte. Mit seinen Flügelschlagapparaten. Mit seinen Doppeldeckern. Sie sah Lilienthal über die grüne Grasfläche gleiten, ohne den Boden zu berühren.

Lehrer Rattke, Fräulein Rapnow und die Kinder bestiegen auf einer Steintreppe den Fliegehügel bis zu einem offenen Pavillon.

Dort oben war es stürmisch und Fräulein Rapnows Halstuch segelte den Abhang herab. Vielleicht war es der Anblick dieses flatternden Tuches, vielleicht war es pure Rennlust, jedenfalls raste Christian plötzlich den steilen Hügel hinunter.

Bleib hier, schrie Lehrer Rattke, doch Christian konnte seinen Lauf nicht mehr stoppen. Seine Schritte wurden größer und größer. Sein Tempo schneller und schneller.

Gleich hebt er ab und fliegt, dachte Helene.

Die Kinder schrien hinter Christian her. Christian stolperte über die eigenen Füße, rollte weiter und sackte unten am Abhang auf den Boden. Da lag er in seinem hellbraunen Anorak. Regungslos.

Ihr bleibt hier!, rief Lehrer Rattke den Kindern zu und rannte die Steinstufen herab. So schnell hatte ihn Helene noch nie laufen gesehen.

Christian war inzwischen aufgestanden.

Lehrer Rattke packte ihn bei den Schultern und schimpfte mit ihm.

Er hatte ein knallrotes Gesicht und sprühte vor Wut.

Christian hielt den Kopf gesenkt. Dann kamen die beiden über die Steinstufen zur Gruppe zurück. Christian grinste.

Da hat Christian aber Glück gehabt, sagte Lehrer Rattke ziemlich außer Atem, *Lilienthal hätte seine Gleitflügel angeschnallt und wäre 80 Meter weit geflogen.* Christian verdrückte sich in der Jungengruppe.

Vom Pavillon aus hatte man einen weiten Blick über den Geländepark mit seinen freien Feldern.

Lehrer Rattke zog ein Heft aus seiner Umhängetasche und rief die Kinder zusammen. Er drückte Fräulein Rapnow seine Umhängetasche in die Hand und schlug das Heft auf. Anschließend hielt er den Kindern noch einen Vortrag über Otto Lilienthal.

Helene überlegte, ob sich Fräulein Rapnows Halstuch wieder von ihrem Hals lösen und davonsegeln würde. Es zappelte gefährlich im Wind.

Aber als Lehrer Rattke einen Ausspruch von Otto Lilienthal vorlas, hörte Helene gut zu.

> *Ein Flugzeug zu erfinden, ist nichts.*
> *Es zu bauen, ein Anfang.*
> *Fliegen, das ist alles.*

Lehrer Rattke blickte sich um.

Ist von euch schon mal jemand mit einem Flugzeug geflogen?, fragte er.

Ich, schrie Hendrik, *zur Insel Kr!*

Zu welcher Insel?, fragte Fräulein Rapnow.
Zur Insel Kr in Jugoslawien, erklärte Hendrik.
Die Kinder lachten. Helene stellte sich eine kleine Insel mit Schlingpflanzen und farbigen Blüten vor.
Ich bin auch schon geflogen, sagte sie leise, aber Lehrer Rattke war damit beschäftigt, seine Umhängetasche über seine Schultern zu ziehen und hörte sie nicht.
Fliegen ist alles! Dieser Satz blieb Helene im Gedächtnis. Sie hatte Sehnsucht nach Schwerelosigkeit, nach Freisein.

Bevor die Kinder wieder in den Bus einstiegen, stellte sich Lehrer Rattke dort auf die Stufen. So konnten ihn alle gut sehen.
Er bedankte sich bei Fräulein Rapnow für ihre Begleitung, drohte Christian nochmal mit dem Zeigefinger und berichtete, wie Lilienthal gestorben war.
Er stürzte am Gollenberg aus 17 Meter Höhe ab und starb an seinen schweren Verletzungen.
Schade, schade, sagte Lehrer Rattke und kletterte in den Bus.
Aus dem Busfenster sah Helene zum grünen Fliegehügel zurück.
Mit Lilienthal hätte sie gerne zusammengearbeitet. Mit ihm gemeinsam das Fliegen ausprobiert.
Die Kinder hatten wieder begonnen, das Bolle-Lied zu singen, und klatschten dabei in die Hände. Der Busfahrer hupte anhaltend lange mit dunklem Hupton. Dann setzte sich der Bus in Bewegung.

Die Schöne und das Biest

Fräulein Rapnow begleitete die Klasse jeden zweiten Mittwoch im Monat in die Schwimmhalle. Die Halle war von der Volksschule aus bequem zu Fuß zu erreichen. Lehrer Rattke marschierte vorneweg. Dann kamen die Kinder und am Schluss der Gruppe lief Fräulein Rapnow.
Manchmal sprach sie mit den Mädchen aus Helenes Klasse. Besonders mit Katja. Die mochte Fräulein Rapnow sehr gerne. Wahrscheinlich, weil Katja erwachsener war als die anderen Mädchen. Sie trug schon einen Büstenhalter.
In der Schwimmhalle war stets nur Lehrer Rattke mit den Kindern im Wasser.
Fräulein Rapnow saß im hellen Trainingsanzug auf einer Bank und passte auf, dass kein Kind unterging. Helene fand, dass sie sehr schön aussah mit den hochgesteckten blonden Haaren.
Schwimmunterricht war nicht Helenes Lieblingsunterricht. Immerhin schaffte sie das Seepferdchen-Abzeichen, aber das erhielten alle Kinder.

Einen Unterrichtstag in der Schwimmhalle würde Helene jedenfalls nie vergessen. Das wusste sie schon auf dem Nachhauseweg genau.
Fräulein Rapnow hatte auf dem Weg zur Schwimmhalle erzählt, dass sie erkältet sei und nicht mit ins Wasser kommen könnte. Sie beschrieb genau ihren neuen Bikini. Katja ging neben Fräulein Rapnow und hörte ihr zu, aber Helene bekam auch alles mit.
In der Schwimmhalle mussten die Kinder diesmal Tauchübungen machen.
Leuchtendgelbe Ringe flogen ins Wasser und wurden von den Kindern heraufgeholt. Helene holte zwei Ringe. Harriet drei. Hendrik und Christian jeweils vier.

Gegen Ende des Unterrichts kletterte Lehrer Rattke aus dem Wasser und die Kinder durften sich noch etwas *tummeln,* wie er sagte.

Helene hing neben Harriet am Beckenrand und schippte mit beiden Händen Wasser in die Überlaufrinne. Dabei musste sie mit den Beinen strampeln, um nicht unterzugehen.

Lehrer Rattke und Fräulein Rapnow schäkerten miteinander und Fräulein Rapnow erhob sich von der weißen Bank. Lehrer Rattke tat so, als ob er sie vor sich her scheuchen würde, und die Kinder im Wasser schrien vor Vergnügen.

Fräulein Rapnow näherte sich gefährlich dem Beckenrand. Lehrer Rattke gab ihr einen Stoß und Fräulein Rapnow flog in hohem Bogen im hellen Trainingsanzug ins Wasser. Das alles ging blitzschnell.

Kurze Zeit später tauchte Fräulein Rapnow wieder auf.

Ihr blondes Haar hing in langen Strähnen in ihr Gesicht. Sie wischte es zur Seite und Helene sah, dass ihre Schminke an den Augen dunkel verschmiert war. Fräulein Rapnow wirkte wütend. Furchtbar wütend.

Sie knallte mit beiden Händen aufs Wasser und rief zu Herrn Rattke:

Du Fiesling, Rudi!

Die Kinder kletterten schnell aus dem Wasser und rannten in die Duschräume. Helene drehte sich kurz vor dem Ausgang noch einmal um.

Lehrer Rattke half Fräulein Rapnow gerade aus dem Wasser. Aber Helene wollte lieber nicht sehen, wie schrecklich sie im nassen Trainingsanzug aussah. Das alles war ja so peinlich! Und woher sollte Fräulein Rapnow trockene Anziehsachen bekommen?

Unter der Dusche krümmte sich Harriet vor Lachen.

Ich kann nicht mehr, rief sie immer wieder in ihrem rot gepunkteten Badeanzug.

Ach, Mensch, sagte Katja, *die arme Fräulein Rapnow! Sie ist doch so erkältet! Das war ja so gemein von Herrn Rattke!*

Helene musste auch lachen.

Das alles würde sie ihrem Großvater haargenau am Telefon erzählen.

Diese miese Geschichte von seinem Juwel Herrn Rattke.

Stadtrundfahrt

Wenn Besuch aus Westdeutschland kam, machten Helenes Eltern mit dem Besuch eine Stadtrundfahrt in Westberlin.
Sie zeigten die Siegessäule mit dem goldenen Engel obendrauf, den Helenes Vater als kleiner Junge heiraten wollte.
Diese Geschichte rührte Helene immer wieder neu. Sie sah ihren dicken Vater als kleinen Jungen und stellte ihn sich Arm in Arm mit dem goldenen Engel vor.
Seit neuestem fuhren die Eltern mit ihren Besuchern auch zur Otto-Lilienthal-Gedenkstätte. Sie stiegen aus dem Auto und liefen zum Pavillon hinauf.
Oder sie zeigten den Besuchern das riesige Olympiastadion, die Prachtstraßen, das Charlottenburger Schloss, den Wannsee.
Vor allem aber die Mauer.
Immer wieder die Mauer.

Manchmal durfte Helene auf den Stadtrundfahrten dabei sein.
Der Vater fuhr auf der breit ausladenden Straße des 17. Juni und musste auf der Höhe des Russischen Ehrenmals anhalten.
Weiter durften die Autos sich nicht vorwagen. Das hatten die Russen verboten.
Ganz in der Ferne stand das Brandenburger Tor wie ein Kinderspielzeug.
Davor marschierten Vopos auf und ab.

Dann an der Bernauer Straße das große Schwarz-Weiß-Foto, auf dem ein Grenzsoldat in Uniform mit Helm und Gewehr über gerollten Stacheldraht in die Freiheit nach Westberlin sprang.
Der hat es geschafft, sagte der Vater.
Er berichtete den Besuchern über unzählige Schicksale von Flüchtenden aus dem Gebiet der DDR. Erzählte, dass sich in

der Nacht des Mauerbaus am 13. August 1961 zahlreiche Menschen in Panik aus ihren Wohnungen abgeseilt hatten oder aus den Fenstern gesprungen waren.

Helene sah sich die Fotodokumentationen an.

An dieser Stelle der Mauer und an anderen Stellen.

Sie hörte, dass ein junger Mann namens Peter Fechter bei seiner Flucht von einem Kugelhagel getroffen wurde und 50 Minuten an der Mauer liegengeblieben sei und um Hilfe geschrien habe.

Niemand half, obwohl ihn viele Grenzposten gesehen hatten.

Sie hörte Worte wie Schießbefehl und Todesopfer, hielt sich irgendwann die Ohren zu.

Lief weit, weit voraus oder weit, weit hinterher.

War froh, dass im Auto über Zigarettenanzünder, Ariel und weiße Wäsche geredet wurde.

Über Clementine, die nur noch mit Ariel ihre Wäsche wusch und das dauernd im Fernsehen erzählte.

Über das lustige HB-Männchen, das wütend schimpfend in die Luft gehen konnte. Ohne Flügel!

Lachte ganz laut mit.

So laut, bis das Zäpfchen in ihrem Hals trocken wurde und schmerzte.

Orkan

Ostern 1965 wurde Helene in die 5. Klasse versetzt und erhielt als Klassenlehrerin das schöne Fräulein Rapnow. Welch ein Glück! In diesem Schuljahr entstanden neue Klassengemeinschaften. Die vier Volksschuljahre waren vorbei und die Kinder konnten wählen, ob sie für die nächsten zwei Jahre in der Volksschule Latein oder Englisch lernen wollten. Dann ging es erst zu den weiterführenden Schulen.

Helenes Eltern wählten für Helene das Fach Latein. Mit Ach und Krach hatte sie Ostern den Übergang in die 5. Klasse geschafft, hatte völlige Aussetzer im Rechnen. Das alles war Helene aber ziemlich egal.

Nun ging das Schulleben weiter mit einer riesengroßen Neuerung: Helenes kleinem Bruder. Der kam mit einer prall gefüllten Schultüte in die erste Klasse.

Helene fand das aufregend und zugleich tat ihr Stephan leid. Nun musste auch er jeden Morgen bei Wind und Wetter die verkehrsreichen Straßen entlanglaufen und den ganzen Morgen im klinkergelben Schulhaus verbringen.

In den Pausen konnte sie ihren Bruder von weitem auf dem Schulhof beobachten. Auf dem Boden war ein Seil gespannt zur Abgrenzung der älteren von den jüngeren Schulkindern. Helene sah ihren Bruder mit anderen kleinen Jungen am Maschendrahtzaun unter den Bäumen stehen oder hinter einem Ball herlaufen. Manchmal winkten sie sich zu. Eher verstohlen, so, als ob sie sich nicht kennen würden.

Aber einmal musste Helene ihren Bruder unbedingt sehen. Sie musste wissen, ob er noch am Leben war! Das war an jenem Apriltag, als ein Orkan durch Westberlin wütete. Helene hatte auf dem Schulhof in der Pause getrödelt, war noch auf dem Mädchenklo in der Baracke gewesen und wollte zum Eingang des Schulgebäudes um die Ecke biegen, als sich der Sturm zum Orkan wandelte. Papiertüten, Holzscheite und Äste wirbelten durch die Luft und der Sturm heulte wie ein mächtiges, krankes Tier.

Helene kämpfte gegen den Widerstand der harten Luft. Sie kämpfte mit aller Kraft, aber sie schaffte es nicht, um die Schulhausecke zu biegen. Sie lief und lief und kam nicht vorwärts.

So lehnte sie sich gegen den Sturm, wurde von ihm gehalten und fiel nicht um. In dem Moment dachte Helene an ihren kleinen Bruder.

Niemals würde er es schaffen, dem Orkan zu trotzen und ins Schulhaus gelangen. Was wäre, wenn der Sturm ihn gegen den Maschendraht pressen würde oder alle kleinen Jungen übereinanderwerfen würde und ihr kleiner Bruder läge unten.

Helene spürte eine starke Kraft in sich wachsen.

Sie musste zum Klassenraum der 1a laufen und sehen, ob ihr kleiner Bruder auf seinem Platz saß. Sie musste!

Helene arbeitete sich voran, hielt sich mit den Fingern an der gelben Backsteinmauer der Schule fest, Stück für Stück, und hatten endlich den Eingang zur Schule erreicht.

Keuchend rannte sie die Stufen hinauf, bog in den langen Gang ein und riss die Klassentür der 1a auf.

Da saß ihr kleiner Bruder mit seiner Igelfrisur und seinem rotkarierten Hemd.

Er sah sofort zur Tür und lachte Helene mit seiner großen Zahnlücke zu.

Alles gut, rief Helene zu ihm hinüber, schloss wieder die Tür und hockte sich auf dem Gang auf den Linolboden. Ihre Beine zitterten vor Anstrengung. Sie weinte und weinte vor Erleichterung und verrieb ihre Tränen mit ihrem Ärmel.

Verwundeter Wolf

Peter, der Bruder ihres Vaters, war ein Jahr älter als ihr Vater gewesen.

Als der Zweite Weltkrieg zu Ende ging, waren ihr Vater 17 Jahre und Peter 18 Jahre alt. Seitdem war Peter verschollen. Die Großeltern in Bergisch Gladbach hatten alle Hebel in Bewegung gesetzt, um ihn zu finden. Doch vergeblich.

Helene hob das Foto des Bruders ihres Vaters im Silberrahmen dicht an ihre Augen. Sie kannte das junge, schöne, ernste Gesicht, denn sie hatte sich das Foto schon oft angesehen. Mindestens tausendmal.

Es war Helene, als ob sie Onkel Peter gut kennen würde.

Ihr Vater und ihre Mutter erzählten oft Geschichten aus ihrer Kindheit in Schlesien. Da hatten die beiden Familien fast Zaun an Zaun gewohnt und ihre Mutter und ihr Vater hatten schon im Sandkasten gemeinsam gespielt.

Natürlich auch zusammen mit dem Bruder ihres Vaters: Vater, Mutter, Kind oder Bäckerei oder mit Murmeln. Auch die Schwester der Mutter gehörte dazu.

Wie ein Kleeblatt. Ein vierblättriges Kleeblatt, die vier Kinder.

Helene kannte all diese Geschichten und hörte sie gerne.

Sie kamen ihr vor wie aus einem Märchenbuch. Auch die Sagen vom Riesengebirge in Schlesien, vom tiefen Schnee und den weiten Wäldern.

Vom Rübezahl und der schönen Prinzessin Emma auf Schloss Ratibor.

Nur wenn die Eltern von der Flucht aus Schlesien erzählten, dann war das Märchenbuch plötzlich zugeschlagen. Dann war das Kleeblatt auseinandergerissen. Dann ging es um kalte Viehtransportwagen, um verschimmeltes Brot, um Schreie und Dunkelheit. Dann ging es darum, dass der Bruder Peter auf einmal von Russen in Gefangenschaft genommen war und im Niemandsland verschwand. Dort, wo es die leeren Steppen gab und die Nächte ohne Licht. Dort, wo es bitterkalt war und andere Sprachen gesprochen wurden. Helene fror jedes Mal ängstlich beim Zuhören und kuschelte sich eng an ihre warme Mutter wie an einen wärmenden Ofen. Und ihren Vater beobachtete sie verstohlen aus den Augenwinkeln, denn er sah dann so verstört aus. So ganz anders als sonst, wenn er Witze von sich gab oder mit dem kleinen Bruder ein Kämpfchen machte. Ein Spasskämpfchen. *Wir zwei Männer*, sagte ihr Vater dann, beugte sich zu Stephan hinunter, rang mit ihm, lachte und Helenes Bruder glühte vor Stolz.

Ja, das war lustig und ihr Vater war ein fröhlicher Vater.

Aber er konnte auch ganz anders sein. Irgendwie tieftraurig wie ein verwundeter Wolf. Das spürte Helene genau.

Genau so spielte Helenes Vater auch auf dem Klavier: mal fröhlich und lustig, mal traurig und streng. Er spielte ohne Noten alles aus dem Kopf und sang dabei ohne Text langgezogene Laute.

Der Vater spielte manchmal abends, wenn der Tag gut war oder schlecht und verpackte all das in seine Melodien. Stephan hockte mit angezogenen Knien unter dem schwarzen Flügel und hörte zu.

Alte Angstbüx

Nur wenn der Vater mit der Mutter abends ausging, waren die Melodien stets beschwingt und heiter. Dann zogen süßes Parfum und Berliner Lieder durch die Wohnung.

Der Insulaner verliert die Ruhe nicht oder *Ich hab so Heimweh nach dem Kurfürstendamm*. Diese Lieder sang der Vater laut mit richtigem Text und vielen Strophen.

Helene kauerte im alten Ohrensessel, hörte die Musik und las.

Natürlich war es gut für die Eltern, dass sie abends mal weggingen, aber die Nacht war dann doppelt so dunkel und Berlin doppelt so riesig wie sonst.

Oh, oh!

Am anderen Morgen erzählten die Eltern den Kindern, was sie erlebt hatten.

Einmal waren sie in einem modernen Konzert, in dem das Stück *Hummelflug* aufgeführt wurde. Es war so schräg, dass aus dem Publikum anschließend Tomaten ins Orchester geworfen wurden. Voller Empörung und Ablehnung. Das war doch keine Musik!

Helene fand das höchst aufregend. Ihr tat der Komponist leid. Er hatte sich doch Gedanken gemacht.

Vielleicht war auch er ein seltsamer Mensch, ein komischer Mensch.

Von da an spürte Helene, dass Seltsamsein mit Gefahr zu tun haben konnte.

Mit Unberechenbarkeit. Mit Unverständnis.

Berlin mit seinen tausend grellen Lichtern in der Nacht wurde zu einem gefährlichen Tanzsaal.

Wenn die Eltern abends weggingen, lagen Helene und ihr kleiner Bruder bereits im Doppelstockbett im Kinderzimmer.

Helene schlief im unteren Bett und der kleine Bruder im oberen, das er über eine schmale Holzleiter erreichte. Die beiden durften noch lesen oder sich *Micky Maus*-Hefte ansehen und Helene schaltete nach einer Weile das Deckenlicht aus. Das machte sie ziemlich energisch, weil ihr kleiner Bruder genug Schlaf haben sollte.

Das klappte in der Regel gut, nur eine Nacht war die reine Katastrophe.

Es begann damit, dass der Bruder noch *Micky Maus*-Hefte ansehen wollte, als Helene entschied, das Licht zu löschen. Und weil der Bruder solch ein Theater aufführte, machte Helene mittellaut *Uuuuaaahhh* ins dunkle Zimmer hinein, nachdem sie das Licht gelöscht hatte. Sofort fing ihr Bruder an zu weinen und rief ängstlich: *Lass das! Lass das!*

Helene knipste unter ihrer Bettdecke ihre Taschenlampe an und las weiter in ihrem Buch. Irgendwann wurde sie auch müde, schaltete die Lampe aus, rollte sich in ihre warme Bettdecke und schlief ein.

Die Zahlen auf ihrem Wecker auf dem Nachttisch zeigten Vier, als sie das Leuchtwerk anstellte. Vier Uhr mitten in der Nacht! Ob die Eltern in ihren Betten lagen?

Helene kletterte aus ihrem Bett und huschte ins Schlafzimmer der Eltern.

Die Betten lagen unberührt im hellen Mondschein, der durchs Fenster fiel.

Helene bekam einen Riesenschreck.

Wenn den Eltern etwas zugestoßen war?

Schnell weckte sie ihren Bruder und gemeinsam schlichen sie ins Wohnzimmer. Sie knipsten das Licht an. Alles war wie immer, aber schrecklich leer.

Helene wusste, dass die Eltern bei einem Ehepaar Schröder eingeladen waren.

Mehr wusste sie nicht. Und so suchte sie im Telefonbuch nach dem Namen Schröder. Diesen Namen gab es endlos oft in Berlin.

Aber Helene hatte keine andere Wahl.

Sie stand mit ihrem kleinen Bruder barfuß im Schlafanzug neben dem Telefontischchen und wählte eine Nummer nach der anderen auf der Drehscheibe des schwarzen Telefons. Viele Leute meldeten sich gar nicht. Andere lallten schlaftrunken irgendetwas ins Telefon. Nirgendwo waren die Eltern. Helenes Bruder begann zu weinen. Helene weinte nach einer Weile auch, aber sie wählte tapfer weiter. Nummer um Nummer.

Plötzlich hörten die beiden Geräusche im Flur.

Die Eltern kamen nach Hause, wunderten sich über die Gespenster im erleuchteten Wohnzimmer.

Du bist eine alte Angstbüx, sagte der Vater zu Helene, *eine alte Angstbüx.*

Helene tat so, als ob sie das nicht gehört hätte.

Aber sie hatte die Worte ihres Vaters gehört.

Auch, wie verächtlich seine Stimme klang.

Ja, sie hatte Angst gehabt in dieser finsteren Nacht.

Aber sie hatte nicht immer Angst. Sie war keine alte Angstbüx!

Jetzt aber schnell wieder ins Bett!

Helene seufzte auf. Das war nochmal gut gegangen.

Liebe

Ja, das gab es oft, dieses: Es ist nochmal gut gegangen.

Zum Beispiel auch an jenem Sommertag, als einer der Jungen, der zu Helenes vermeintlichen Leibwächtern gehörte, Helene küssen wollte.

Er wohnte nebenan in der ersten Etage, hatte Helene in den Keller des Mietshauses gelockt, wollte ihr sein neues Fahrrad zeigen. Sein neues Fahrrad mit silberner Klingel.

Und als sich Helene das Fahrrad mehr oder weniger interessiert ansah, drehte sie der Junge plötzlich zu sich herum und nahm ihr Gesicht in beide Hände. Ehe sie sich versah, fühlte sie seine Lippen auf ihren Lippen.

Voll und nass.

Helene stieß den Jungen mit aller Kraft von sich, so dass er zwischen die Apfelsinenkisten in die Kellerecke flog.

Hey, schrie der Junge und rappelte sich vom Boden hoch, *du spinnst wohl!*

Du spinnst wohl!, rief Helene zurück und rannte aus dem Keller die Holztreppe zum Hintereingang ihrer Wohnung hinauf. Dort war früher der Eingang für die Dienstboten gewesen, der in die Küche führte. An diese weiße Eingangstür hämmerte Helene mit beiden Fäusten in der Hoffnung, dass ihre Mutter in der Küche sei. Tatsächlich, die Mutter öffnete und Helene sauste in die Küche.

Tür zu!, rief sie, *Tür zu!*

Ihre Mutter schloss die Türe, kopfschüttelnd.

Was ist denn passiert?, fragte sie.

Helene ließ sich auf einen Küchenstuhl fallen.

Pah, sagte sie, *pah! Berni wollte mich küssen. Pah!*

Helene wischte sich über den Mund.

Wenigstens fragen hätte er sie können. Fragen, ob sie dazu Lust hatte.

So wie ihr kleiner Bruder mit einem Mädchen aus der Nachbarschaft unter dem Doppelstockbett lag und die beiden sich küssten.

Das hatte er Helene erzählt und das hatte sie auch schon beobachtet.

Aber das war etwas ganz anderes. Das wollten nämlich beide.

Das war Liebe.

Helene mochte ein Mädchen besonders gerne. Es hieß Ursula und wohnte in der Nähe der Großeltern in Bergisch Gladbach. Ursula konnte tanzen. Wie eine Ballerina. Mit weißem Spitzenröckchen und rosafarbenen Spitzenschuhen mit langen Bändern. Die wickelte sich Ursula unten um die Beine.

Einmal war die Großmutter mit Helene und ihrem kleinen Bruder zu einer Probe in die Tanzschule gegangen. Helene hockte sich mit ihrer Großmutter und Stephan auf eine Turnhallenbank und sah den vielen Mädchen beim Tanzen zu. Das schönste Mädchen war Ursula. So leicht und wendig.

Sie konnte ihren Körper weit nach vorne und hinten biegen und hielt sich dabei an einer Stange fest.

Später tanzten alle Mädchen vor einem großen Spiegel. Sie hielten ihre Arme wie ein Rad in die Luft und trippelten auf den Zehenspitzen.

Wann gehen wir?, fragte der kleine Bruder.

Helene schubste ihn in die Seite.

Stundenlang hätte sie Ursula zusehen können.

Am schönsten war es aber, dass Helene Ursula aus ihren eigenen Texten vorlesen konnte. Sie saßen bei den Großeltern im Schuppen auf der Wiese. Helene hielt ihr Schreibheft auf den Knien, las und Ursula hörte zu.

Helene las zwei Sommergedichte und ein Stück aus ihrer Geschichte von den Zwillingen Julia und Alvit. Ihr Schreibheft war blau und trug die Aufschrift:

Geschichten von Helene Engels. Kl. 5c, 1965
Für Kleine unter 6 Jahren sind die Lesungen nicht gestattet

Ursula saß mit offenem Mund. Anschließend war Ursula hingefallen, als sie die Teerstraße hinabgingen.

Helene wollte sie aufheben, rutschte dabei selbst aus und schlug sich das linke Knie auf. Es blutete stark und die Großmutter klebte ein dickes Pflaster darauf. Die Wunde verheilte schlecht und ziepte wochenlang.

Erst einen Monat später konnte Helene an einem Samstag in der Badewanne vorsichtig die dicke Kruste abknibbeln.

Doch leider griff am nächsten Montag in der Schule ein Junge, der in der Bank vor ihr saß, Helenes linkes Bein und schabte es am Holz seiner Sitzbank hin und her. Zugegeben, Helene hatte den Jungen ein bisschen mit ihrem Schuh geärgert, aber das war eine Kleinigkeit gegenüber dem Schmerz, den Helene nun empfand.

Hör auf, zischte Helene.

Sie hatte keine Lust, dass Fräulein Rapnow das Theater mitbekommen würde.

Hör bitte auf!

Doch der Junge hörte nicht auf.

Erst, als Helene spürte, dass ihre Strumpfhose am Knie zerriss und das Knie selbst feucht vor Blut wurde, zog sie ihr Bein zurück. Sie besah sich den Schaden. So konnte sie unmöglich in der Schule bleiben.

Die Kinder sangen:

> *C-A-F-F-E-E,*
> *trink nicht so viel Kaffee.*
> *Nicht für Kinder ist der Türkentrank,*
> *schwächt die Nerven,*
> *macht dich blass und krank.*
> *Sei doch kein Muselmann,*
> *der das nicht lassen kann.*

Fräulein Rapnow begleitete das Ganze auf einer Gitarre.
Sie saß auf dem Lehrerpult und hatte einen Fuß auf einen Stuhl
vor sich gestellt. Ihre langen, blonden Haare fielen fast in die
Saiten. Helene erhob sich und humpelte nach vorne. Fräulein
Rapnow sah sie erstaunt an.
Helene zeigte ihre zerrissene Strumpfhose und das hellrote
Blut, das aus der Wunde tropfte.
Igitt!, rief Fräulein Rapnow entsetzt und Helene durfte sofort
nach Hause gehen.
Auf dem Nachhauseweg hinkte Helene. Sie trug ihren Ranzen
schief auf dem Rücken und schniefte vor sich hin. Zunächst
dachte sie darüber nach, dass ihre Eltern nicht blass und krank
aussahen, obwohl sie Kaffee tranken. Und sie überlegte, wer
der Muselmann sei, der nicht vom Kaffee loskäme.
Anschließend beschloss Helene, Ursula einen Brief zu schreiben. Dieser Gedanke machte sie froh und aufgeregt. Sie würde
Ursula von dem Erlebnis in der Schule berichten und sie fragen,
ob sie Lust hätte, mit Helene und ihrem Bruder ein Theater-
stück aufzuführen. Unten im Keller bei den Großeltern. In den
Sommerferien. Vielleicht die Sage der Nibelungen, die Helene
zur Zeit las.
Ursula wäre Kriemhild, Helene Brunhild und der kleine Bruder Jung-Siegfried.
Ursula könnte einen Spitzentanz zeigen und dabei wunder-
schön aussehen.
Alle Zuschauer würden lange klatschen und sich von den Plätzen erheben.
Ja, Helene liebte Ursula, weil Ursula auch so etwas Eigenes
hatte.

Puppenmütterchen

Doch manchmal war Helenes Herz einfach verschlossen. Obwohl andere Menschen nett waren. Wirklich liebenswert.
Und doch blieb Helenes Herz ein verschlossenes, hartes Ding.
So spürte sie es jedenfalls in ihrer Brust.
Zum Beispiel an einem Nachmittag im November, als Helene ein Mädchen aus ihrer Klasse von der Bushaltestelle abholte.
Sabine wollte Helene besuchen und hatte Helene bereits in der Schule gesagt, dass sie ihre Puppenkinder Kati und Flori mitbringen würde.
So war Helene nicht überrascht, als Sabine aus dem Bus ausstieg und zwei fein angezogene Puppen auf dem Arm trug.
Allerdings fand Helene es befremdlich, dass sie den Puppenjungen Flori auf der Hauptverkehrsstraße in die Mitte nahmen und wie ein echtes Kind vor und zurück schaukelten.
Das macht Flori sooo viel Spaß, sagte Sabine lachend.
Im Dirigierzimmer zog Sabine den beiden Puppen die Mäntel aus, nahm ihnen die gestrickten Mützchen ab und legte ihre kleinen Handschuhe ordentlich auf einen Stuhl. Dann setzte sie Kati und Flori mitten auf den Teppich.
Jetzt seid ihr bei Helene, Kinder, sagte sie mit strenger Stimme, *seid schön artig und macht nicht viel Lärm.*
Helene hockte mit angezogenen Beinen auf einem Stuhl und sah Sabine zu.
Jetzt bekommt ihr erstmal etwas zu essen, beschloss Sabine.
Sie holte aus einem grünen Beutel zwei kleine Teller heraus, stellte sie vor die Puppen auf den Teppich und legte auf jeden Teller ein Nussplätzchen.
Esst nicht zu hastig und schlingt nicht so, sagte sie.
Sabine wandte sich zu Helene um.
Die beiden sind gut erzogen, aber manchmal richtige Strolche.

Helene wusste nicht, was sie sagen sollte, schlang ihre Arme um ihre Beine und presste die Lippen aufeinander.

Hast du auch Puppenkinder?

Sabine blickte suchend im Raum umher.

Ja, äh, Doddeli, sagte Helene nach kurzem Zögern.

Sie stieg vom Stuhl herunter und holte Doddeli aus dem Schlafzimmer.

Doddeli war ziemlich mickrig und hässlich, aber Helene mochte sie lieber als ihre beiden schönen Puppen, die langhaarig im Puppenwagen lagen.

Wegen Doddeli hatte sie sich mit ihrem kleinen Bruder gehauen, weil er behauptete, dass Doddeli ihm gehöre. Dabei hatte Helene Doddeli in der Losbude auf einer Kirmes gewonnen. Das wusste sie genau.

Ihr Bruder hatte ihre Hand so heftig gegen den Kleiderschrank gedrückt, dass bis heute eine Verdickung an ihrem Mittelfingerknochen zu sehen war.

Als Sabine Doddeli erblickte, rief sie entsetzt: *Du armes Mäuschen! Du hast ja gar keine Kleidung an!*

Das stimmte. Doddeli besaß einen Stoffkörper, an dem ihre Arme und Beine wie Würste herabbaumelten, und einen Stoffkopf mit wirren Haaren. Sie hatte nichts zum Anziehen.

Doddeli friert nie, sagte Helene und versuchte, Doddeli neben Kati und Flori auf den Teppich zu setzen, was misslang. Schließlich lag Doddeli zwischen den beiden Puppen.

Wollen wir Taufe spielen?, schlug Sabine vor.

Der Nachmittag zog sich hin.

Sabine war eifrig beschäftigt, schleppte Taufwasser hin und her, hielt eine Rede als Pfarrerin und lobte Kati und Flori, weil sie so artig waren.

Helene und Doddeli saßen auf einem Stuhl und sahen dem Treiben zu.

Einmal kam Helenes Mutter herein und freute sich, dass die Mädchen so schön mit den Puppen spielten.

Sie erzählte, dass sie das früher auch so gerne gemacht habe. Sie hatte drei Puppen gehabt, die sie über alles liebte. Dann sei aber der Krieg gekommen und sie mussten Hals über Kopf vor den Russen aus Schlesien flüchten und durften kaum etwas mitnehmen. Helenes Mutter schluckte. Es waren Tränen in ihre Augen gestiegen.

Und dann musste ich meine drei Kinder dort im Puppenwagen zurücklassen, sagte sie, *und ich habe auf der Flucht und auch danach so, so oft an sie gedacht.*

Sabine und Helenes Mutter verstanden sich richtig gut. Kati und Flori gaben Helenes Mutter artig die Hand und Sabine erzählte, wie sie die beiden im Garten oft auf die Schaukel setzte.

Als Helene die Puppenmutter Sabine und ihre Kinder endlich wieder zum Bus gebracht hatte, wobei Kati und Flori ihr noch lange durch das Busfenster winkten, und wieder alleine im Dirigierzimmer war, gab sie Doddeli einen dicken Kuss auf die wirren Haare und warf Doddeli hoch an die Zimmerdecke, dass es nur so knallte.

Nein, ein Puppenmütterchen war sie nicht.

Bei der Kinderärztin

Sabine musste mit ihren Puppenkindern im Bus bis zur Haltestelle *Onkel Toms Hütte* fahren. Dort war ihr Zuhause. Dort hatte auch die Kinderärztin von Helene und ihrem kleinen Bruder ihre Praxis. Der Name *Onkel Toms Hütte* war Helene somit schon ein Begriff, bevor ihr Tante Annie das Buch *Onkel Toms Hütte* schenkte.

Es war vor hundert Jahren zum ersten Mal erschienen, wie Tante Annie sagte.

Helene besah sich den Buchumschlag. Es ging wohl um schwarzhäutige Arbeiter und sie verspürte wenig Lust, das Buch zu öffnen.

Doch als Helene am gleichen Abend unter der Bettdecke mit ihrer Taschenlampe zu lesen begann, konnte sie kaum aufhören.

Sie las von Onkel Tom in Kentucky, der von seinem Herrn verkauft wurde und anschließend von seiner Frau und seinen Kindern getrennt leben musste.

Sie las von der Welt der Sklavinnen und Sklaven, hörte deren schwermütige Gesänge beim Arbeiten auf den Baumwollfeldern.

Sie las, dass Onkel Tom ein gläubiger Mann war, der sich für Gott und die Menschen einsetzte. Es ging um Freiheit und Unfreiheit. Freiheit in der Seele und Unfreiheit in den Bedingungen, unter denen die Sklaven leben mussten.

Helene bewunderte Onkel Tom. Er war ehrlich, stark und mutig.

Sie überlegte, wie er sich heute in Westberlin verhalten würde. Gefangen in Mauern und unter Menschen, die auch von Verwandten getrennt leben mussten.

Helene fand es gut, dass eine Haltestelle in Zehlendorf *Onkel Toms Hütte* hieß. So würde dieser Mann nicht so schnell vergessen werden.

Und sie fuhr gerne mit ihrer Mutter und Stephan zur Kinderärztin dort.

Die Praxis der Kinderärztin war hell und freundlich eingerichtet.

Frau Dr. Schell untersuchte die Kinder von Zeit zu Zeit, impfte sie, verschrieb ihnen Hustensaft oder Nasentropfen, hatte Zähne wie ein Pferd. Gelb und groß, eingerahmt von schmalen Lippen.

Wenn Stephan untersucht wurde, saß Helene neben ihrer Mutter auf einem roten Plastikstuhl an der Wand.

Wenn sie selbst untersucht wurde, saß ihr Bruder auf dem roten Plastikstuhl neben der Mutter.

Manchmal lachte Frau Dr. Schell. Dann konnten ihre Zähne die Spucke nicht bremsen und schillernde Tröpfchen sprühten durch den Raum.

Helene hatte es lieber, wenn Frau Dr. Schell nicht lachte.

Die Zeit im Wartezimmer hingegen war aufregend.

Das lag an den Zeitschriften, die sich auf dem Tischchen vor der Heizung befanden. Die Tischplatte war mit bunten Mosaiken versehen. Doch die waren nur am Rand unter den Heften sichtbar.

Solche Zeitschriften wie in diesem Wartezimmer hatte Helenes Familie nie zu Hause. Dort lag nur die *Hör Zu* für das Fernsehprogramm neben dem Fernseher im Wohnzimmer.

Hier aber warteten unterschiedliche Illustrierte auf Helene und sie zog beliebig viele Hefte heraus. Oft hielt sie vier oder fünf Zeitschriften zugleich auf ihrem Schoß.

Stephan hockte neben der Spielzeugkiste und kramte lautstark nach Holzautos und Holzschienen. Die Mutter vertiefte sich in den *Stern* oder den *Spiegel*.

Helene entdeckte in den Illustrierten eine Horrorgeschichte nach der anderen. Sie las von aneinander gewachsenen Zwillingen und studierte deren eindrucksvolle Fotos. Sie las von Vergewaltigungen, von Folterungen in Gefängnissen. Ob Frau

Dr. Schell eigentlich wusste, was in den Zeitschriften in ihrem Wartezimmer stand? Manchmal war es Helene richtig schlecht von all den Berichten, die sie in sich einsammelte.

Vor allem an einem Nachmittag, als sie davon las, dass eine Familie ihr behindertes Kind in einer winzigen Speisekammer versteckt hielt.

Jahrelang. Und kein Mensch wusste, dass das Kind dort lebte.

Helene ließ die Zeitschrift auf ihren Schoß sinken und sah aus dem Fenster.

Das arme behinderte Kind! Und seine Familie schämte sich, dass es auf der Welt war. Wie musste das Kind gelitten haben, eingesperrt und unbeachtet!

Helene und Stephan Engels, rief in dem Moment die Sprechstundenhilfe und nickte der Mutter zu.

Kommt, sagte die Mutter und schob Helene und den kleinen Bruder quer durch den Raum zum Sprechzimmer von Frau Dr. Schell.

Die Kinderärztin saß auf ihrem Bürostuhl und las in einer weißen Mappe.

Als die drei hereinkamen, sah sie hoch.

Aha, rief Frau Dr. Schell, *da kommen ja meine Freunde.*

Helene überlegte, ob sie alle Kinder mit diesen Worten begrüßte.

Als sie auf dem roten Plastikstuhl saß und Frau Dr. Schell ihren Bruder mit einem Stethoskop abhörte, fiel ihr das behinderte Kind wieder ein.

Helene würde es aus der Speisekammer herausholen und in die Sonne setzen und ihm Gummibärchen geben und über die Haare streichen. Sie würde ihm Doddeli schenken und etwas vorlesen. Etwas Schönes mit Feen und Nixen und viel Phantasie.

Und sie würde dafür sorgen, dass die Familie bestraft würde. Vielleicht würden sie die Leute auch in winzige Speisekammern einsperren lassen. Jahrelang.

Frau Dr. Schell schrieb ein Rezept auf.

Na, Helene, wandte sie sich Helene zu, *wie geht's in der Schule? Weißt du schon, was du mal werden möchtest?*

Helene schüttelte den Kopf. So eine Frage!

Aber an der Tür drehte sich Helene nochmal zu Frau Dr. Schell um.

Ein Vogel, sagte sie laut ins Sprechzimmer hinein.

Am Ausgang der Praxis durften sich Helene und der kleine Bruder ein paar Schokoladenplätzchen mit bunten Streuseln aus einem runden Glas nehmen.

Weil ihr so liebe Kinder seid, sagte die Sprechstundenhilfe.

Pippi Langstrumpf

Das zweistöckige Mietshaus, in dem Helenes Familie lebte, bewohnten sechs Familien. Im Souterrain lagen neben dem Haupteingang links unten die Wohnung des Hausmeisters und rechts die Wohnung einer Mutter mit ihrer Tochter, die in Helenes Alter war. Das Mädchen ging jedoch nicht in die Volksschule, die Helene und ihr Bruder besuchten, und war überhaupt ganz anders als andere Kinder.

Einmal schauten Helene und ihr Bruder vom Erdboden aus durch ein Gitterfenster in die Küche der Kellerwohnung und sahen, wie das Mädchen auf dem Kachelboden kniete und nur mit dem Mund Spaghetti aus einem Suppenteller aß. Seine Arme hielt es auf dem Rücken. Die Nudeln verfingen sich in den langen, braunen Haaren. Das Mädchen schleuderte den Kopf hin und her und die Nudeln flogen durch die Küche. Dazu lachte es wild und unbändig.

Es war ein herrlich unheimlicher Moment!

Das ist ein ganz armes Mädchen, sagte die Mutter am Abendbrottisch, als Helenes Bruder von den Entdeckungen des Nachmittags erzählte.

Mit dem spielt ihr nicht, ergänzte der Vater und hob eine Augenbraue.

Helene sah das arme Mädchen selten.

Aber an einem frühen Abend im Winter, als die Sonne wie ein roter Feuerball über dem Garten hing und Helene mit ihrem Bruder und einem Jungen aus der Nachbarschaft im Hinterhof einen Schneemann baute, kam das Mädchen hinzu. Es trug einen Sommermantel, Kniestrümpfe und dicke Wollhandschuhe.

Seine braunen Haare waren zu zwei dünnen Zöpfen geflochten.

Das Mädchen lachte und half den Kindern beim Schneemann-
bauen. Flink und lustig.

Plötzlich tauchte die Frau des Hausmeisters Berg auf und
schrie, dass es verboten sei, im Hinterhof einen Schneemann
zu bauen.

Warum?, schrie das Mädchen zurück. *Warum?*

Die Hausmeisterfrau schob mit dem Schneeschieber eine
breite Bahn bis zu den Kindern hin. Sie stellte sich dem Mädchen gegenüber und Helene dachte, dass sie ihm eine Ohrfeige
geben würde. Frau Berg zog fest an einem der dünnen Zöpfe.
Dabei sprang die rosafarbene Haarspange auf und fiel in den
Schnee. Schnell bückte sich Helenes Bruder und reichte sie
dem Mädchen.

Halt du dich da raus, du Popel, schnauzte Frau Berg Helenes
Bruder an.

In dem Moment entwischte das Mädchen und rannte zur Hin-
terhoftür.

Sie hässliche, alte Hexe!, rief sie und knallte die Tür hinter sich
zu.

Blagenpack! Blagenpack!, schrie die Hausmeisterfrau. Mit beiden Händen hob sie den schweren Schneeschieber in die kalte
Winterluft und ließ ihn gegen den Schneemann knallen.

Helene, ihr Bruder und der Nachbarjunge standen starr vor
Schreck.

Dann stürzten sie weg. Weg von dieser Hexe mit ihren Wut-
ausbrüchen.

Die drei zitterten, als die Mutter die Wohnungstür öffnete und
sie im warmen Flur ihre Mäntel auszogen. Sie zitterten, zitterten und Helene dachte, dass das Mädchen den Willi im Wald
bestimmt gut kennen würde.

Dass sie dicke Freunde wären.

Geheimnis

Am selben Abend schlich Helene leise durch die Küche, durch den Hintereingang auf den Dienstbotenflur hinaus. In ihrer Hand trug sie ein Messer. Ein spitzes, scharfes Küchenmesser. Sie knipste das Flurlicht an, hockte sich neben das Treppengeländer und ritzte unter dem leisen Summton der Glühbirne etwas in eine der Holzsäulen.

Ritzte und ritzte in das mächtige, alte Geländer und huschte zurück in die Wohnung.

Gerade als sie das Messer in die Schublade legte, kam die Mutter in die Küche.

Helene hielt den Kopf gesenkt.

Ich hab was geritzt, sagte sie leise.

Etwas geritzt?

Ja, Berg ist doof. Ins Treppengeländer.

Die Mutter verstand nicht. Aber der kleine Bruder.

Der hatte zugehört und sprang nun von einem Bein auf das andere.

Toll!, rief er. *Toll!*

Helene lief mit der Mutter und dem Bruder auf den Flur hinaus, knipste das Glühbirnenlicht an, zeigte den Schriftzug.

Oh Gott, flüsterte die Mutter, richtete sich auf und verschränkte die Arme.

Oh Gott!

Wenig später lag die Mutter auf ihren Knien vor dem Holzgeländer, polierte mit dunkler Schuhcreme und einem Lappen die geritzte Stelle.

Wieder und wieder.

Und der kleine Bruder sprang hin und her wie Rumpelstilzchen.

Mitten in der Küche nahm die Mutter Helene und ihren Bruder anschließend fest in den Arm.

Das ist unser Geheimnis, sagte sie ernst, *für immer und ewig.*
Die beiden nickten feierlich. Und als sie später ins Schlafzimmer kam und den Kindern Gute Nacht sagte, setzte sich die Mutter zu Helene unten auf ihre Bettkante und flüsterte: *Da warst du bestimmt ganz schön wütend. Sonst hättest du so etwas niemals gemacht.*
Ja, sagte Helene und spürte noch lange den Gute-Nacht-Kuss der Mutter auf ihrer heißen Stirn.

Maria durch ein Dornwald ging

Im gleichen Winter war Helene Maria. Maria, die durch einen Dornwald ging.

Der Dornwald waren die Zuschauer, die auf langen Bänken dicht gedrängt in der Turnhalle hockten und sich das Weihnachtsspiel der 5c ansahen.

Mitten durch diesen Dornwald schritten Helene und Georg und Georg hatte den Arm um Helene gelegt. Georg war Josef. *Leg doch den Arm um Helene, Georg!*, hatte Fräulein Rapnow bei einer der ersten Proben gerufen. Natürlich lachten alle Kinder und natürlich drückte Georgs Arm beim Laufen auf Helenes Schultern. Aber irgendwie fühlte sich Helene dadurch im Dornwald nicht alleine.

Es stand zu Beginn der Proben schnell fest, dass Helene Maria war. Nicht ein Schaf oder ein Engel oder eine Bauersfrau oder ein Stern. Nein, Helene war Maria. Das passte. Das spürte sie genau und alle anderen auch.

Helene musste nichts sagen. Sie musste nur schreiten und sich auf der Bühne neben die Wiege setzen. Und dann sollte sie singen:

Josef, lieber Josef mein,
hilf mir wiegen mein Kindelein.

Das war alles, aber das war ganz schön schwer. Den Mund öffnen und mit lauter Stimme singen vor der ganzen Klasse und später dann vor dem gesamten Dornwald.

Helene war eine ernste Maria. Eine stille, ernste Maria mit einem runden Gesicht unter dem fest geschnürten Kopftuch. Helene liebte diese Rolle und sie war sehr stolz, als sie bei der Aufführung an ihren Eltern und ihrem kleinen Bruder in der Turnhalle vorbeischritt. Langsam und würdevoll.

Und der dunkle Dornwald konnte ihr nichts anhaben. Helene war gewappnet durch den Arm, der sie beschützte, und durch ihr eigenes inneres Leuchten.

Eingesperrte Herzen

In diesem Winter war Berlin unter einer weißen Schneedecke versunken. Wochenlang. Die Tage waren grau und neblig. Das Bellen der Wachhunde auf der anderen Seite der Spree klang noch unheimlicher als im Sommer und die Gestalten der Vopos in den weißen Wintermänteln, die am Flussufer mit den Pistolen und den scharfen Hunden hin- und herliefen, sahen noch bedrohlicher aus als in hellen Jahreszeiten.

Auf Sonntagsspaziergängen an der Glienicker Brücke konnte Helene hinübersehen ins DDR-Gebiet. Dort gab es niemanden außer den Vopos und den bellenden Hunden. Keine Kinder, keine alten Leute. Kein Lachen. Kein Winken. Einfach nichts sonst und Angst. Die kroch über die vereiste Spree zu Helene hin und wimmerte vor Not.

Wie sollten die Kerzen, die Westberliner in die doppelt verglasten Fenster ihrer Wohnungen stellten, jemals von den Leuten in Ostberlin gesehen werden? Wie nur?

Das fragte sich Helene, als sie Silvester am Wohnzimmerfenster stand und die dunkle Straße hinabsah. Im trüben Schein der Straßenlaternen glänzte das Kopfsteinpflaster. Aus den Fenstern der Miethäuser flackerten Kerzen in der Finsternis.

Sie zeigen, dass wir an die Menschen im Osten denken, hatte der Vater gesagt.

Aber Ostberlin war durch dicke Mauern, Stacheldraht und Minenfelder von Westberlin getrennt. Wie sollte das Licht der Kerzen die Menschen drüben erreichen? Westberlin war eine Insel, umgeben von Todeszonen.

Helene hauchte das Fensterglas an.

Dann ging sie ins Nebenzimmer, schloss die Tür hinter sich, tastete sich im Dunkeln zum Transistorradio auf dem Schränkchen und stellte Musik an.

Sie zog die Vorhänge nicht zu, sondern dirigierte mitten im Raum stehend, den Blick auf die Kerzen in den gegenüberliegenden Fenstern geheftet.

Dirigierte mit flatternden Händen.

Für die Menschen in Ostberlin.

Für die eingesperrten Herzen.

Für ihr eingesperrtes Herz.

1966

Glitzer

An manchen Tagen glitzerte Westberlin. Glitzerte und funkelte, dass es eine Freude war.

Mit großen Augen und im karierten Kleid mit weißem Kragen fuhr Helene mit ihren Eltern an einem Abend ins hell erleuchtete *Theater des Westens*. Stephan blieb bei Tante Annie.

Alle Menschen waren feierlich gekleidet. Die Damen trugen lange Kleider und die Herren dunkle Anzüge. Das große Theater mit seinen weichen Teppichen und roten Samtvorhängen war festlich erleuchtet.

Helene fühlte sich wie eine Prinzessin. Ja, wie Prinzessin Emma von Schloss Ratibor im Riesengebirge. Und ihre Eltern waren König und Königin.

Helene schritt durch Parfumwolken, sah das Musical auf der Bühne, klatschte, bis ihre Hände heiß und rot waren.

In der Pause spendierte der Vater Limonade mit gelbem Strohhalm und die Stimmen der Menschen summten wie ein Bienenschwarm. Es war ein wundervoller Abend!

Auf der Rückfahrt durch das nächtliche Berlin hing Helene müde auf dem Rücksitz des Autos. Da es geregnet hatte, zischten die Reifen laut über den nassen Asphalt.

Überall glitzerten Regentropfen an Scheiben.

Überall glitzerten die Lichter von Berlin.

Die Eltern sprachen vorne im Auto leise miteinander, rauchten und der Zigarettenqualm umnebelte Helenes Gesicht.

Es war wie in einem warmen, wohligen Traum.

Bestimmt lag Stephan bereits im Bett und schlief. Aber sie, Helene, fuhr durch Berlin. Im Tweedmantel über dem karierten Kleid mit dem weißen Kragen. Und das nächtliche Westberlin war freundlich. Freundlich und harmlos.

Genauso freundlich war Westberlin im Café Kranzler. Dort, auf dem Samtsitz vor dem runden Caféhaustisch mit weißer Tischdecke, thronte Helene ein paar Wochen später. Vor ihr stand eine Tasse mit duftendem Kakao. Eine Serviererin brachte ihr ein Stück Frankfurter Kranz mit viel Buttercreme und Krokantstückchen. Und die Deckenlampen leuchteten hell und Tante Annie, die Mutter und der kleine Bruder lachten, unterhielten sich, aßen und tranken.

Und die Bäume vor den hohen Fenstern bewegten ihre blühenden Zweige im Frühlingswind. Das war wie ein Dirigieren. Mühelos und leicht. Und Helene lachte an diesem Nachmittag oft und gerne.

Lauf!

Aber als der Zirkus in die Schule kam, lachte Helene wie noch nie zuvor in ihrem Leben. An einem Frühlingstag waren immer zwei Klassen zusammen in die Turnhalle geführt worden. Dort roch es nach Stroh und Tierfellen.

Die Kinder sahen sich zwei kleine Affen mit winzigen himmelblauen Westen an, die Bananen aßen. Sie durften Zwergkaninchen streicheln und bewunderten einen Clown, der Handstand machte. Es lief fröhliche Blasmusik und fünf Mäuse tanzten in einem umzäunten Bereich.

Die Kinder schoben sich durch die volle Turnhalle von Sensation zu Sensation.

In der Mitte standen zwei Kamele. Jedenfalls nannte Lehrer Rattke die braunen Tiere mit den zwei Höckern so.

Weil sie zwei Höcker haben, sind es Kamele. Mit nur einem Höcker wären es ...

Dromedare, schrien die Kinder durcheinander.

Die Kinder waren auf den Zirkusbesuch gut vorbereitet. Lehrer Rattke nickte zufrieden.

Nun mussten sich die Kinder hintereinander anstellen und durften dann einzeln auf den Kamelen sitzen. Hoch oben auf einer bunten Decke zwischen den beiden Höckern. Die Kamele schienen sich daran überhaupt nicht zu stören. Sie kauten und kauten mit ihren gelben Zähnen hinter den dicken Lippen und hielten die Augen halb geschlossen.

Ein Kind nach dem anderen wurde auf eines der Tiere hinauf- und hinuntergehoben.

Helene stand in der Schlange ziemlich weit hinten. Sie hatte eigentlich keine Lust, auf ein Kamel gesetzt zu werden. So ließ sie Georg und Harriet und Katja schon mal vor.

Helene gähnte. Dann war sie an der Reihe. Ein Mann in einer Zirkusuniform hob sie in die Höhe und schon saß Helene zwischen den beiden fellbezogenen Höckern, breitbeinig, und hielt sich am Höcker vor sich fest.

Sie sah die blauen Turnmatten auf dem Mattenwagen am Ende der Turnhalle, sah die beiden Affen und fühlte, wie sich das Kamel unter ihr etwas bewegte. Sie sah, dass der uniformierte Mann die rotgelbe, gedrehte Stoffleine, an der er das Kamel hielt, losgelassen hatte und mit Lehrer Rattke sprach.

Da beugte sich Helene nach vorne und sagte zu dem Kamel: *Lauf!* Kurz und knapp. Und das Kamel setzte sich in Bewegung. Helene schaukelte hin und her, grub die Hände fest in das harte Tierfell.

Kinder schrien laut und da begann das Kamel plötzlich zu rennen. Nicht nur gemächlich, sondern so schnell, wie es Helene niemals erwartet hatte.

Menschen sprangen zur Seite, zwei Stühle flogen um.

Das Kamel rannte durch die Turnhalle, wobei das gedrehte Seil hinter ihm her schleifte. Helenes Haare flogen im Wind.

Das Kamel steuerte auf die geöffnete Turnhallentür zu und flüchtete auf den Schulhof hinaus. Helene genoss die wilde Reiterei. Sie hielt sich fest und gab den harten Stößen des Tierrückens nach, indem sie auf und ab federte.

In der Mitte des Schulhofs blieb das Tier plötzlich stehen. Fast wäre Helene über seinen Hals nach vorne geflogen. In Sekundenschnelle waren die beiden vom Mann in der Zirkusuniform, von Lehrer Rattke und von schreienden Kindern umringt. Helene saß aufrecht auf dem Kamelrücken.

Sie sah auf alle Menschen hinunter, sah die dunklen Steinchen des Schulhofs und musste auf einmal fürchterlich lachen.

So richtig von unten nach oben in ihrem Körper.

Was war das für ein wunderbares Gefühl gewesen!

Was war das für ein wundervolles Kamel!

Und nur, weil Helene *Lauf!* gesagt hatte!

Der Zirkusmann hob Helene auf den Boden hinunter.

Hast du Angst gehabt?, fragte er mit tiefer Stimme und rollte mit den Augen.

Nee!, sagte Helene, *nee!*

Der Mann nahm das gedrehte Seil und wickelte es sich ein paar Mal um die Hand. Dann schimpfte er mit dem Kamel in einer fremden Sprache.

Die Kinder starrten Helene bewundernd an. Aber das war Helene egal.

Sie hatte einen Verbündeten, ein Kamel! Das machte, was es wollte.

Unerwartet und eigenständig.

Beim Mittagessen erzählte Helenes kleiner Bruder, was er am Vormittag auf dem Schulhof gesehen hatte: Er hatte Helene hoch oben auf einem Kamel durch das Fenster seines Klassenzimmers gesehen. Alle Kinder waren zum Fenster gerast, als die Lehrerin im Unterricht sagte:

Was ist denn da draußen auf dem Schulhof los?

Und er hatte Helene oben auf dem Kamel lachen gesehen.

Das ist meine Schwester, hat er zu den anderen Kindern gesagt, obwohl das fast alle wussten.

Wie kam das Kamel denn auf den Schulhof?, fragte die Mutter.

Nur so, sagte Helene. Und dann stellte sie eine Frage, die sie auf dem ganzen Heimweg beschäftigt hatte. *Sprechen Kamele eigentlich deutsch?*

Sprechen bestimmt nicht, aber verstehen vielleicht, antwortete die Mutter.

Das war letztlich auch egal. Das Kamel hatte ganz genau verstanden, was Helene meinte.

Unheimlichkeiten

Nach der Versetzung in die 6. Klasse erhielt Helene Klavierunterricht.

Die Mutter hatte sie im Konservatorium in der Nähe der großen Kreuzung angemeldet. Die Mutter spielte selbst gut Klavier und so lag es auf der Hand, dass sie Helene fördern wollte. Helene fand das in Ordnung. Sie freute sich nicht besonders, aber hatte auch nichts dagegen.

Beim ersten Treffen mit der Klavierlehrerin im April ging die Mutter mit.

Dann zockelte Helene jeden Mittwochnachmittag alleine los. Der Weg war ihr Schulweg bis zur Kreuzung. Dann musste sie abbiegen und drei Nebenstraßen folgen.

Die Klavierlehrerin war klein und hatte rote, kurze Locken. Sie stand die meiste Zeit des Unterrichts auf dem Balkon und rauchte. Manchmal kam eine Kollegin dazu und die beiden redeten laut über ihre Ehemänner.

Helene saß am Klavier, drückte die weißen Tasten herunter. Manchmal die schwarzen. Sie machte keine raschen Fortschritte, doch hielt sie beim Spielen stets die Handgelenke steil in die Höhe. Fast bis zum Krampf. So hatte es ihr die Lehrerin im ersten Unterricht gezeigt, indem sie einen grünen Apfel kräftig unter Helenes Handgelenke drückte.

Handgelenke hoch, rief die Klavierlehrerin manchmal vom Balkon ins Klavierzimmer hinein. Obschon sie eigentlich gar nicht sehen konnte, wie Helene ihre Hände hielt.

Am Ende der Stunde schrieb die Klavierlehrerin etwas in Helenes Aufgabenheft und dann durfte Helene nach Hause gehen.

Einmal hatte Helene die Klavierlehrerin von hinten hypnotisiert. Sie war zu früh gekommen und musste noch etwas warten. So saß Helene hinter dem Klavierschüler und der Klavierlehrerin, hörte die abgehackten Klaviertöne, besah sich die beiden Pullover. Grün und grau und grau und blau. Beide ohne Muster.

Ihr Blick glitt am breiten Rücken der Lehrerin hinauf und verweilte unterhalb der roten Locken. Dort sah sie einen kleinen, dunklen Leberfleck. Helene beschloss, diesen Leberfleck zu hypnotisieren und die Lehrerin zu zwingen, sich genau dort zu kratzen. So saß Helene stocksteif und starrte auf den Fleck.

Es dauerte nicht lange, da erschien eine Hand der Klavierlehrerin an ihrem Hals und kratzte an genau dieser Stelle.

Helene erschrak. Welche unheimlichen Fähigkeiten hatte sie?

Ein paar Minuten später saß Helene selbst vor dem Klavier, schlug ihr Notenheft auf und stellte es über die Tastatur. Die Klavierlehrerin hörte Helenes Spiel ein paar Takte zu, verzog sich dann auf den Balkon und rauchte.

Der Heimweg von der Klavierstunde war meist interessant, weil Helene lange an den Schaukästen des Kinos stehenblieb und sich die Reklamebilder ansah, die grüne Stofftasche mit den Klaviernoten fest unter den Arm geklemmt. Helene hatte große Lust, selbst ins Kino zu gehen. Die Filme waren häufig ab 18 Jahren. Wenn sie sich schminken, die Haare hoch toupieren und Stöckelschuhe ihrer Mutter anziehen würde, könnte Helene garantiert in Filme ab 18 gehen. Nicht nur in *Winnetou* mit Tante Annie und Stephan. Da war Helene ja fast eingeschlafen, während ihr Bruder vor Aufregung die ganze Zeit vor seinem Klappsitz hampelte.

Als Helene sich an einem Mittwochnachmittag von den Schaukästen wegwandte und auf der Hauptverkehrsstraße nach Hause gehen wollte, sah sie den Mann aus der Heilanstalt. Er kam mit ausgebreiteten Armen auf sie zugelaufen und bog kurz vor Helene zur Seite ab. Dabei zischelte er laut.

Helene begann zu rennen. Sie rannte bis zu ihrem Wohnhaus und kam verschwitzt dort an. Zum Glück begegnete Helene dem Mann an keinem anderen Nachmittag. Aber seitdem hatte sie in der Höhe der Schaukästen des Kinos ein unheimliches Gefühl.

Solch ein unheimliches Gefühl empfand sie auch bei den mächtigen Ungetümen, den Panzern. Schwere, hohe Fahrzeuge mit rasselnden Stahlketten, unter denen der Asphalt bebte und Blätter erschrocken von den Bäumen segelten. Oben auf den Panzern saßen uniformierte Soldaten mit Stahlhelmen. Meist zwei oder drei. Sie sahen streng geradeaus, lenkten die graugrünen Kolosse konzentriert durch die Hauptverkehrsstraße. Die Panzer gehörten zur amerikanischen Besatzung der Stadt, wie Lehrer Rattke den Kindern erklärt hatte. Sie fuhren zu Übungsplätzen.

An einem Vormittag zog wieder eine Panzerkolonne dröhnend an Helene vorbei. Die Erde bebte. Helene blieb stehen und hielt sich die Ohren zu.

In dem Moment überholte sie ihr Bruder. Mit vier weiteren kleinen Jungen rannte er neben den Panzern her, schrie zu den Soldaten hinauf, winkte ihnen, sprang in die Höhe, hüpfte und drehte sich wie ein Wirbelwind.

Es war ein merkwürdiges Bild: die mächtigen Panzer und die springenden Jungen. Helene rief ihren Bruder zu sich, doch er war unerreichbar im Lärm, im Springen.

Erst später, als Helene kurz vor der Schule an der Jungengruppe vorbeiging, drehte sich ihr kleiner Bruder zu ihr um. Die Jungen umlagerten neben der Bäckerei einen Kaugummiautomaten mit bunten Kugeln.

Helene sagte: *Bäbäbä*.

Bäbäbä antwortete ihr kleiner Bruder.

Das war alles. *Soll er doch springen neben den Kriegsungetümen!*, dachte Helene, *der hat ja keine Ahnung, der Kleine*. Sie kam sich wissend vor.

Wissend und allein.

Das alles geschah zu der Zeit, als Helene im Traum fliegen konnte.

Es waren immer ähnliche Szenen. Sie rannte und rannte die Hauptverkehrsstraße entlang, kam irgendwann nicht mehr von der Stelle, fühlte sich von hinten angegriffen und erhob sich einfach in die Luft.

So wie sie war. Also nicht mit Gleitflügeln oder anderen Hilfsmitteln.

Nein, einfach so im Sommerkleid.

Oder sie war in der Schule, als alle Kinder *Märkische Heide, märkischer Sand* sangen, öffnete das Fenster und flog in den Himmel hinaus. Sie flog, bis sie die Stimmen nicht mehr hörte.

Oder sie suchte ihren Bruder auf dem Schulhof und sah überall tote Ratten liegen. Da stieg sie steil in die Luft auf. Vom Standort aus.

Gut, dass Helene fliegen konnte. Es klappte immer. Und sie war vogelfrei.

Wie sehr wünschte sich Helene diese wunderbare Fähigkeit, als Fräulein Rapnow von drei Jungen aus ihrer Klasse verprügelt wurde.

Helene hatte gerade ihrem Bruder über die Trennungslinie auf dem Schulhof einen Teil ihres Butterbrotes abgegeben, da entstand in der Mitte des schwarz geschotterten Platzes ein Tumult: Drei Jungen aus Helenes Klasse rempelten sich gegenseitig an, schubsten sich hin und her, brüllten immer lauter und begannen, aufeinander einzuschlagen. Es waren massive Jungen, viel größer als Helene und doppelt so dick. Zwei davon waren sitzengeblieben. Einer trug eine gelbe Mütze.

Dieser wilden Gruppe näherte sich Fräulein Rapnow auf ihren hochhackigen Schuhen. Helene fand sie bildschön mit den langen blonden Haaren, dem engen Rock und dem feinen, türkisfarbenen Pullover. Fräulein Rapnow wollte den Streit schlichten, doch ehe sie sich versah, war sie in die Rauferei verwickelt und lag auf dem Boden. Die Jungen schmissen sich übereinander und Helene hatte große Angst, dass Fräulein Rapnow totgedrückt würde.

In dem Moment schritt Lehrer Rattke hinzu und trennte die Raufbolde.

Er half Fräulein Rapnow auf. Sie weinte.

Oh, wenn Helene doch jetzt nur fliegen könnte! Weit über die dunklen Kiefernwälder zur Spree mit den langen Kähnen und dem ruhigen Wasser.

Mit all den lächelnden, freundlichen Menschen.

Doch ein Kind aus der 6. Klasse läutete die scheppernde Schulglocke an der Hausecke und alle liefen zurück ins Schulgebäude. Helene rannte hinterher, ohne sich umzusehen.

Fräulein Rapnow fehlte eine Woche lang in der Schule. Als sie wiederkam, hielt sie in der 6. Klasse am Pult sitzend eine kleine Rede. Sie sagte, dass sie niemals gedacht hätte, von eigenen Schülern verprügelt zu werden. Während sie sprach, hatte sie Tränen in den Augen. Helene sah genau, dass die drei Jungen grinsten. Hin und her gingen ihre frechen Blicke. Und Helene konnte lesen, was auf ihren Stirnen stand. *Du doofe Kuh*, stand da.

Aber Fräulein Rapnow sah das nicht. *Es tut uns sehr leid*, murmelte der Stärkste von allen. Das war eine glatte Lüge.

Fräulein Rapnow lächelte verlegen und kramte in ihrer schwarzen Lacktasche nach einem Taschentuch. Die Lacktasche hatte sie immer dabei und ihre braune Aktentasche.

Helene fand, dass Fräulein Rapnow wirklich eine feine Dame war.

Pfaueninsel und rubinrot

Wenn die Jungen auf der Pfaueninsel über die Lügenbrücke gegangen wären, wäre ihre Lügerei vielleicht herausgekommen. Diese Brücke machte auf Helene keinen großen Eindruck, aber auf ihren kleinen Bruder. Bei einem Sonntagsbesuch auf der Insel hatte der Vater mit lauter Stimme verkündet, dass kein Lügner heil über diese Brücke kommen würde. Helene war hoch erhobenen Hauptes hinüber marschiert, doch als sie sich umdrehte, sah sie, wie sich Stephan am Geländer entlanghangelte und Höllenqualen litt.

Das tat Helene sehr leid.

Ist doch alles Quatsch, rief sie ihm von der sicheren Seite aus zu. Aber der kleine Bruder kämpfte trotzdem weiter. Helene schüttelte den Kopf.

Wer weiß, wer weiß, sagte der Vater vielsagend neben Helene und hielt sein Gesicht in die wärmende Sommersonne.

Ist doch alles Unsinn, schrie Helene ihrem Bruder zu, *renn einfach drüber!*

Der kleine Bruder rannte los und stolperte und schlitterte über die Brücke.

Atemlos kam er bei Helene an. Ohne den Vater eines Blickes zu würdigen, fasste Helene ihren Bruder bei der Hand und lief mit ihm weiter. Solche miesen Drohungen konnte sie nicht ausstehen.

Die Familie fuhr häufig sonntags zur Pfaueninsel. Mit der Seilfähre wurde zum Eingangsgebäude übergesetzt und dann konnte man auf verschiedenen Wegen die Insel erkunden. Für Helene war die Pfaueninsel voller Geheimnisse.

Ihre Mutter erklärte ihr, welche Könige und Königinnen hier gelebt hatten.

Sie erzählte, dass es auf der Insel in alten Zeiten eine große Kaninchenzucht gegeben hatte und dass die Insel ursprünglich *Caninchenwerder* hieß.

Helene saß neben der Mutter in der Sonne auf einer Bank und baumelte mit den Beinen, bis die Kniestrümpfe rutschten. Ja, sie sah alle vor sich: die Tiere, die es früher hier gegeben hatte. Lamas, Affen, Löwen und Kängurus. Schreiende Vögel mit ihren langen Federn. Biber und Büffel und Hirsche. Auch Braunbären, die sich oft losgerissen hatten und fortan in einer ausgehobenen Bärengrube leben mussten.

Die Mutter zeigte Helene und ihrem Bruder steinerne Markierungen, die von einem beheizbaren Palmenhaus übrig geblieben waren. Darin gab es Springbrunnen, Goldfischbassins und Architektur aus Indien mit goldenen Ornamenten und glitzernden Mosaiken.

Helene liebte es, ihrer Mutter zuzuhören. Während der kleine Bruder Kieselsteine sammelte, stand sie neben ihr und blickte über die Grünflächen.

In der Mitte des Palmenhauses gab es eine riesengroße Fächerpalme, sagte die Mutter. *Sie wuchs so hoch, dass sie oben an das Glasdach stieß. Da musste man das Dach mit einer Kuppel erweitern.*

Und warum ist das Palmenhaus nicht mehr da?

Abgebrannt, sagte die Mutter. *Niemand weiß, warum.*

Helene ging schnell weiter. Ungeklärtes beunruhigte sie.

Im weitläufigen Rosengarten lag Rosenduft in der Luft.

Helene schritt von Rose zu Rose und roch an den Blüten. Sie dufteten wie Tante Annies Wohnzimmer.

Schließlich stand Helene in all den Farben und hielt ihre Hände hoch in die Sonne. Sie lächelte und schloss die Augen. Lange Zeit stand sie so regungslos, bis der Bruder rief: *Weiter geht's, alle zusammen!*

Auf einer freien Fläche stand ein hoher Baum mit weit ausladenden Ästen.

Das ist eine Libanon-Zeder, sagte die Mutter, *sie ist das Geschenk eines Sultans an den Kaiser gewesen.* Helene lehnte ihre Stirn an die Rinde der Zeder und sog den harzigen Geruch ein.

Wie sehr Helene die Pfaueninsel liebte! Die freilaufenden Pfauen waren flink und schlau. Sie wussten genau, dass die Besucher der Insel sie bewunderten. Manchmal schlugen sie mit ihren Schwanzfedern ein schillerndes Rad und die Menschen klatschten.

Was Helene aber auf der Insel am meisten faszinierte, war der Glasmacher Johannes Kunckel. Viel war von seiner ehemaligen Werkstatt nicht mehr zu sehen. Nur der Platz, an dem seine Glashütte und sein Laboratorium gestanden hatten.

Kunckel hat mit Feuer und Glas experimentiert und Gemische aus brennbaren Stoffen hergestellt, sagte der Vater. *Und weil das so stank und dunkle Rauchschwaden zu sehen waren, dachten die Leute auf dem Festland, dass Kunckel ein Hexenmeister sei.* Das fand Helene spannend.

Und warum gibt es die Glashütte nicht mehr?

Die ist abgebrannt. Keiner weiß genau, warum.

Helene schloss die Augen. Sie sah die Glashütte, die Rauchschwaden und hörte in dem Moment ein Wort, das ihr lange Zeit nicht mehr aus dem Sinn ging.

Kunckel hat rubinrotes Glas erfunden, sagte die Mutter nämlich.

Gleich fiel Helene der Aschenbecher im Wohnzimmer ein. Er stand auf dem Holztisch beim Sofa und war aus massivem Glas. Wuchtig und wunderbar.

Das Glas war dunkelrot mit kleinen weißen Luftblasen im Inneren.

Rubinrot. Helene ging weiter. Dabei sagte sie immer wieder *rubinrot* vor sich hin, bis ihr ein neuer Satz in den Sinn kam.

Dieser Satz lautete: *Im Schutt fand sie die rubinrote Kette.*

Das klang spannend! Oder sollte sie lieber sagen: *Die rubinrote Kette fand sie im Schutt?* Oder: *Rubinrot war die Kette, die sie im Schutt fand.* Oder – und jetzt klopfte ihr Herz deutlich stärker – einfach: *Rubinroter Schutt?*

Helene bekam nicht mit, dass die Familie inzwischen an der Anlegestelle der Fähre stand. Erst als die Fähre über das Wasser schaukelte und die Pfaueninsel immer kleiner wurde, realisierte sie die Überfahrt zum Festland.

Rubinrot war ein besonderes Rot. Es war ein geheimnisvoll leuchtendes Rot.

Helene suchte auf dem Schulweg, im Klassenzimmer, auf Plakaten in den Schaukästen des Kinos nach diesem Rubinrot. Doch sie fand es nirgendwo.

Nur im Aschenbecher im Wohnzimmer und einige Zeit später in der Halskette von Tante Annie.

Kannst du mal meine Kette hinten zumachen?, bat Tante Annie und drückte Helene ihre Halskette in die Hand. Helene legte die Kette vorsichtig um Tante Annies Hals und versuchte, den Verschluss zusammenzuziehen. Das war gar nicht einfach, weil sie Tante Annies faltige Haut nicht quetschen wollte.

Als Helene vor Tante Annie stand und die Kette ansah, entdeckte sie zwischen den bunten Glassteinchen kleine Perlen von rubinroter Farbe. Sie funkelten und leuchteten.

Geburtstag

Helene wurde elf Jahre alt. Ihre Geburtstage waren ein wichtiges Ereignis für sie. Morgens gratulierten ihr die Eltern und der Bruder und nachmittags durfte sie sich ein paar Kinder einladen. Dann kam auch Tante Annie dazu und traditionell spielte sie mit den Kindern das Memory-Spiel auf besondere Weise: Sie legte die Hälfte der Karten verdeckt auf den ausgezogenen Esstisch und jedes Kind erhielt einen Stapel mit dazugehörigen Bildern.

Dann kam das Schönste: Vor jeder neuen Runde verteilte Tante Annie Süßigkeiten auf die verdeckten Plättchen. Gummibärchen, Weingummischnuller, Lakritz- oder Himbeerbonbons und kleine, runde Schokoladentaler mit Streuseln. Das Spiel war höchst aufregend, weil es viel zu gewinnen gab. Helenes Bruder hatte sich einmal vor lauter Spannung neben seinen Stuhl gesetzt und war zu Boden gefallen.

Bei Helenes Geburtstag war diesmal auch Franziska dabei. Sie ging in Helenes Parallelklasse und wohnte bei dem Moosmäuerchen an Helenes Schulweg.

Manchmal gingen die beiden zusammen nach Hause und einmal hatte Franziska Helene nachmittags zu sich eingeladen. Erst sahen sich die beiden im Wohnzimmer Franziskas Lieblingsbücher an. Dann zeigte Franziska Helene ihr Schlafzimmer, das sie sich mit ihrer älteren Schwester teilte.

Die ältere Schwester hatte schon einen Freund. Wie sehr staunte Helene, als Franziska die Schlafzimmertür öffnete und sie in den Raum hineinsehen konnte! Überall hingen Poster von den vier Beatles! Von den vier Pilzköpfen mit den verbotenen Haarfrisuren!

Meine Schwester liebt George Harrison, sagte Franziska und zeigte auf einen Mann mit langen, dunkelbraunen Haaren.

Toll! Helene war begeistert. Sie bewunderte den Mut von Franziskas Schwester, Poster von den Beatles aufzuhängen, wo die Musiker doch so *abartig* aussahen.

Das sagte ihr Vater und so empfanden es wohl viele Erwachsene.

Franziska ging zu einem lindgrünen Plattenspieler auf dem Nachttisch ihrer Schwester und legte eine Schallplatte auf.

Das ist das Lied «Michelle» von Paul McCartney. Das ist ziemlich neu.

Gitarrenmusik erklang.

Helene genoss es, in dem Raum zu stehen, in dem Franziskas ältere Schwester lebte. Diese ältere Schwester, die einen Freund hatte, für die Beatles schwärmte, George Harrison liebte und bereits Deo-Spray benutzte.

Das sah Helene neben einer Haarbürste und einer lilafarbenen Kerze auf der Fensterbank stehen.

Klassenfahrt: Fichtelgebirge

Im Herbst stand eine Klassenfahrt an. Noch einmal alle Kinder zusammen, ehe sie sich dann im kommenden Frühjahr in die 7. Klassen auf die weiterführenden Schulen verteilten. Es ging nach Rehau. Rehau im Fichtelgebirge. Im Südosten von Westdeutschland.

Tante Annie schenkte Helene eine Ansichtskarte, auf der Felsen zu sehen waren, Wälder und ein Foto des Dichters Jean Paul. Seine Unterschrift zog sich quer über die Abbildungen. Er hatte dort gelebt und gedichtet.

Helene war zunächst nicht sehr aufgeregt.

Sie packte mit ihrer Mutter den braunen Lederkoffer. Legte ein Buch nach dem anderen auf die sorgfältig gefalteten Blusen. *Nein, das geht so nicht,* meinte die Mutter, packte die Bücher wieder aus.

Als sie das Zimmer verlassen hatte, schob Helene die Bücher unter ihre Blusen.

So, sagte sie laut und überlegte, ob sie ihren Schlafbären Racky mitnehmen sollte. Nein, das war zu kindisch. Helene schüttelte den Kopf.

Dann fiel ihr Christian ein. Christian durfte nicht mit dem Bus durch die DDR fahren. Er musste als einziges Kind aus der Klasse mit dem Flugzeug fliegen.

Seine Eltern waren Fluchthelfer gewesen. Sie hatten Menschen geholfen, von Ostberlin nach Westberlin zu schwimmen. Durch die kalte, dunkle Havel oder den Teltowkanal. Und beinahe wäre Christians Mutter dabei von Vopos erschossen worden. Niemals durften Vopos seinen Ausweis in die Hände bekommen, sonst würde Christian in der DDR in einem Gefängnis eingesperrt werden. Das hatte Lehrer Rattke den Kindern im Unterricht erzählt.

Christian versteckte dabei seinen Kopf in seinen Armen auf dem Holzpult.

Helene hatte Angst, mit dem Bus voller Kinder durch die Grenzkontrollen zu fahren. Hoffentlich lachte kein Kind oder sagte etwas Unpassendes oder erwähnte Christian. Dann waren sie vielleicht alle dran, weil sie ihn kannten, den Fluchthelfersohn. Dann würden vielleicht alle in Baracken eingesperrt?

Oder was wäre, wenn Walter Ulbricht einfach die Grenzen schließen würde und der Bus nicht mehr von Westdeutschland zurückkommen könnte?

Helene klappte den Koffer zu und rannte in die Küche.

Ich fahr nicht mit, sagte sie zu ihrer Mutter und vergrub das Gesicht in deren Schürze.

Warum denn nicht? Die Mutter war erstaunt. *Ihr werdet bestimmt eine Menge Freude haben!*

Helene grunzte in die Schürze. Grunzte wie ein Ferkel.

Die Mutter schob sie mit Teighänden von sich weg.

Lass das mal, ich möchte den Kuchenteig fertig kneten.

Na gut, dann würde Helene eben mitfahren.

Dann könnten ja alle weinen, wenn sie nie mehr wiederkäme.

Dann könnten sie Helene suchen wie Onkel Peter.

Dann wäre Helene einfach verschwunden.

Die Jugendherberge im Fichtelgebirge war ein flaches Gebäude. Es gab morgens und abends roten Hagebuttentee.

Helene schlief mit acht Mädchen aus ihrer Klasse in einem Schlafsaal.

Die anderen hatten sich über die vier Doppelstockbetten verteilt.

Helene hatte ihr Bett direkt unter dem Fenster. Doppelstockbetten waren nichts Besonderes für sie. Darauf konnte sie gut verzichten.

Fräulein Rapnow und Lehrer Rattke hatten sich für jeden Tag etwas Schönes überlegt: Wanderungen, Besichtigungen, Schwimmbadbesuch.

An einem Abend gab es eine Sensation im Mädchenbadezimmer.

Karin wusch ihre Unterhosen. Das Wasser färbte sich dunkelrot im Waschbecken. Soviel konnte Helene von der Tür aus zwischen den anderen Mädchen hindurchsehen. Ein Raunen ging durch die Gruppe. Karin hatte schon ihre Tage. Fabelhaft! Helene lehnte ziemlich unschlüssig am Türrahmen. Sie konnte sich unter den Tagen nichts vorstellen. Und sie fand es auch nicht gerade erstrebenswert, blutgetränkte Unterhosen zu besitzen. Zumal Karin mindestens zehn Mal hintereinander rief, dass ihr schlecht sei. Aber die anderen waren voller Hochachtung.

Helene sah am nächsten Tag genau, dass einige Mädchen einer Gruppe Jungen von Karin erzählten. Sie tuschelten und schauten verstohlen zu Karin hinüber, die unter ein paar Tannen stand und in einem Prospekt blätterte.

Helene mochte Harriet gerne. Sie las viel, kannte schwedische Märchen und hielt sich nicht an Angebereien von anderen auf. Im Bus saß Helene immer neben Harriet. Auch, als alle nach Waldsassen fuhren. Dort besichtigten die Kinder eine Glasfabrik und durften sich zum Schluss einen kleinen, farbigen Glasbrocken als Erinnerungsstück von einem Glashaufen aussuchen.

Wie das Glas im Sonnenlicht glitzerte!

Helene wählte einen rubinroten und einen dunkelgrünen Stein.

Sie kniff ein Auge zusammen und sah in das dunkle Grün.

Sie entdeckte moosbedeckte Felsklüfte und dunkelgrüne Wellen.

Die Jungen schubsten sich, bis einer in den klirrenden Glashaufen fiel.

Lehrer Rattke schimpfte und zog den Jungen am Ohr aus den Steinchen heraus.

Na und?

Später durften die Kinder in einer Eisdiele sitzen und Eis essen. Die Toilette war über den Hof zu erreichen und vom Hof aus sah man direkt auf die dunkelbraune Eichentür einer Klosterkirche.

Es war eine katholische Kirche.

Das hatte Lehrer Rattke den Kindern erklärt.

Helene wusste, dass sie dort nicht hineingehen durfte. Das war evangelischen Christen verboten. Helene zögerte einen Moment, als sie von der Toilette auf den Hof hinaustrat. Dann sah sie sich nach allen Seiten um und rannte zur Kirchentür. Vielleicht war sie nicht abgeschlossen?

Helene zog an einem schmiedeeisernen Griff und öffnete die schwere Tür.

Auf Zehenspitzen betrat sie einen großen Raum, in dem es süßlich roch.

Durch hohe Fenster fiel helles Licht. An den Säulen standen überall weiße Figuren und die Decke schmückten viele bunte Bilder. Die dunkelbraunen Kirchenbänke waren leer. Helene war allein.

Sie trat einen Schritt vor, stellte sich mitten in einen Lichtfleck auf dem Steinboden und schloss die Augen. Tiefer Frieden breitete sich in ihr aus.

All ihre Ängste lösten sich auf. All ihr Empfinden von Bedrohung, Unsicherheit und Unerklärbarem. Helene lächelte mit geschlossenen Augen, öffnete sie wieder. Sie bückte sich, berührte mit den Fingerspitzen den kühlen Steinboden und lief schnell zur Tür.

Als sie zu ihrem Tisch in der Eisdiele zurückkehrte, rief Katja: *Ich habe dich gesehen, Helene! Du bist in der katholischen Kirche gewesen!*

Fräulein Rapnow und Herr Rattke hörten ihre Worte nicht. Sie saßen weit entfernt neben einem Springbrunnen.

Helene rutschte auf ihren Stuhl. Sie nahm das chinesische Schirmchen, das auf ihren Eiskugeln gesteckt hatte, und öffnete und schloss es.

Na und, sagte sie. *Na und?*

Auf der Rückfahrt nach Westberlin zogen Vopos in langen Militärmänteln an den Kontrollstellen mit Schäferhunden durch den Reisebus. Die Hunde hechelten umher und schnüffelten zwischen den Sitzen.

Die Kinder saßen stocksteif. Ulrike war ein Stück Schokoladenpapier heruntergefallen und sie traute sich nicht, es aufzuheben.

Helene hielt eine Postkarte umklammert, die sie für Tante Annie gekauft hatte.

Darauf waren der Dichter Jean Paul zu sehen und ein paar Zeilen, die er gedichtet hatte:

Freuden sind unsere Flügel,
Schmerzen unsere Sporen.

Helene wusste nicht, was Sporen waren, aber die Verbindung zwischen Freuden und Flügeln fand sie schön.

Und hoch oben in der Luft flog Christian mit dem Flugzeug über alle Grenzen, Minenfelder und Todesstreifen hinweg.

Es ging zurück zur Insel, umgeben von Stacheldraht. Es ging zurück ins Ghetto.

Kleiner Mann mit schwarzem Hut

Tante Annie freute sich sehr über die Ansichtskarte.
Die stelle ich auf meinen Nachttisch, sagte sie zu Helene. *Dann kann ich den Spruch morgens und abends lesen.*
Das war eine gute Idee.
Tante Annie hütete wieder einige Tage Helene und ihren kleinen Bruder.
Diesmal ging Helene weiter zur Schule. Es war die langweilige Zeit vor den Halbjahreszeugnissen im September.
An einem Samstag sollte Helene ihren Bruder zum Mittagessen holen.
Tante Annie hatte Möhrensuppe gekocht und zum Nachtisch sollte es Vanillepudding mit Erdbeermarmelade geben. Stephan spielte mit den Jungen draußen auf der Straße Fußball.
Helene ging ins Schlafzimmer der Eltern. Sie öffnete den Kleiderschrank ihres Vaters und besah sich seine Anzüge. Dann zog sie eine schwarze Jacke und eine schwarze Hose aus dem Schrank, griff nach einem weißen Hemd und kleidete sich um.
Im Spiegel sah sie nun einen kleinen Mann in schwarzen Stoffmassen.
Sie nahm den schwarzen Hut ihres Vaters, setzte ihn auf und zog sich die Krempe tief in die Stirn. So wollte sie ihren Bruder von der Straße hereinholen.
Es war gar nicht so einfach, mit den langen Hosenbeinen zu laufen, ohne hinzufallen. Aber Helene kam sich unglaublich witzig vor. So witzig, dass sie über sich selbst laut lachte. Helene raffte die Stoffmassen rechts und links hoch und näherte sich den Fußball spielenden Jungen.
Sie stellte sich an den Straßenrand und rief mit tiefer Stimme:
Stephan, kommst du bitte zum Mittagessen!
Ihr Bruder sah sie ganz genau. Davon war Helene überzeugt.
Aber er spielte einfach weiter Fußball.

Kommst du bitte zum Essen, Stephan!, rief Helene noch lauter. Nichts geschah. Der Bruder ignorierte einfach den kleinen Mann am Straßenrand mit dem schwarzen Hut auf dem Kopf. Das durfte doch nicht wahr sein!

Ha-ho-he, Hertha BSC!, sangen einige Jungen beim Laufen. Auch Helmut und Dickus. *Hi-ha-ho, Hertha ist k.o.!*, sangen ihre Gegner. Wie Helene diesen Singsang hasste! Sie stampfte mit dem Fuß auf.

Stephan! Komm!, rief sie noch einmal, doch ihr Bruder raste vor dem Tor hin und her und beachtete sie nicht.

Da drehte sich Helene um, raffte wieder die Hosenbeine hoch und schlurfte ins Haus zurück. Sie kam sich überhaupt nicht mehr witzig vor, sondern nur jämmerlich. Erbärmlich und jämmerlich. Schnell raus aus den Klamotten!

Später beim Mittagessen sprach sie kein Wort mit ihrem Bruder. Erst als er sagte: *Warst du der Vater am Straßenrand?*, musste Helene lachen. *Ja, ich war der Vater am Straßenrand*, wiederholte sie. Tante Annie wunderte sich. *Welcher Vater?*, fragte sie. *Unser Vater*, sagte der Bruder.

Möchtest du noch Suppe, Tante Annie?, fragte Helene und das Thema war beendet.

Weinte und weinte

In der Straße gegenüber von Christian wohnte Beate. Sie lebte mit ihren Eltern in einem weißen Holzhaus und hatte Helene zu sich eingeladen. Beate war Einzelkind.

Helenes Mutter brachte Helene mit dem Bus zu Beate und versprach, sie abends wieder abzuholen. Helene stellte sich im Holzhaus ans Fenster und sah zu dem grauen Mietshaus hinüber, in dem Christian mit seiner Familie lebte. Mit seinen Eltern, den Fluchthelfern, die vielen Menschen ermöglicht hatten, nach Westberlin zu fliehen. Erwachsenen und Kindern. Omas und Opas.

Unter Einsatz des eigenen Lebens.

Warst du schon mal bei Christian drüben, fragte Helene Beate.

Nein, da darf ich nicht hin, sagte Beate. *Das wollen meine Eltern nicht.*

Beates Eltern sahen aus wie zwei alte Menschen. Sie hatten weiße Haare und bewegten sich langsam, als trügen sie eine schwere Last. Sie nannten Beate *Beatelein* und *Schätzlein*.

Als Helene und Beate zur Tierklinik in der Nähe gingen, erzählte Beate, dass alle Geschwister ihrer Eltern in Ostberlin lebten und dass sie sich einmal im Monat zuwinken würden. Die Geschwister ständen mit ihren Kindern auf der einen Seite der Mauer und Beates Eltern standen mit Beate auf der anderen Seite.

Alle haben Taschentücher in den Händen und winken und winken, sagte Beate, *und beim nächsten Mal ziehe ich meinen neuen Mantel an.*

Warum leben die Geschwister da drüben und ihr hier?, fragte Helene.

Weil die anderen nicht schnell genug waren. Mami und Papi sind gerannt und gerannt und haben es gerade noch geschafft, als die Mauer gebaut wurde. Aber Mami will so gerne bei ihrer jüngsten Schwester sein. Die ist nämlich todkrank.

Die beiden hatten die Tierklinik erreicht.

Dürfen wir denn da hineingehen?, fragte Helene.

Nein, aber in den einen Stall können wir sehen und da steht eine operierte Kuh, antwortete Beate. *Die hat mir Papi gezeigt.*

Beate und Helene gingen zu einem Holzstall, stellten sich auf die Zehenspitzen und sahen durch ein kleines Fenster. In einem Verschlag stand eine schwarz-weiße Kuh, um deren Leib ein weißer Verband gewickelt war. Die Kuh kaute langsam Heu und sah zum Fenster hoch. Helene konnte ihr genau in die Augen sehen. In die großen, braunen Kuhaugen. Sie sahen aus, als ob die Kuh sich danach sehnte, bald wieder gesund zu werden.

Und Mami und Papi zünden jeden Sonntag eine Kerze an für unsere Verwandten in Ostberlin, sagte Beate. *Und dann darf ich ein Lied für sie singen.*

Helene sprang vom Fenster ins Gras zurück.

Das hören deine Verwandten doch gar nicht, sagte sie.

Vielleicht doch, meinte Beate, *Papi sagt, dass es der Wind über die Grenze nach Ostberlin trägt.*

Was gibt es hier noch für Tiere?

Pferde und Hunde, sagte Beate, *aber die dürfen wir nicht sehen.*

Helene nickte.

Als sie wieder im weißen Holzhaus waren, sah Helene die vielen Fotorahmen voller Gesichter auf einer Kommode stehen. Sie stellte sich vor, dass die Eltern eine brennende Kerze dort aufstellten und dass Beate davor ein Lied sang.

Und als die Mutter sagte: *Beatelein, kannst du bitte etwas Brot, Butter und Käse auf den Tisch stellen*, bemerkte Helene, dass eigentlich kaum etwas in diesem Haus war. Nur ein paar Möbel und die vielen Menschengesichter auf den Fotos. Und sie bemerkte, dass Beates Mutter große, braune Augen hatte. Diese Augen erinnerten Helene an irgendetwas.

Erst abends im Bett fiel es ihr ein: Es war zwar etwas merkwürdig, aber die Augen der Mutter erinnerten sie an die Augen der operierten Kuh. So flehend. So sehnsuchtsvoll.

Helene rollte sich in ihr Kopfkissen und weinte. Sie weinte wegen all der Menschen, die zusammensein wollten und nicht zusammensein durften. Weinte und weinte.

Drei Wünsche

Ein paar Wochen später setzte sich Helene an ihren Schreibtisch im Dirigierzimmer, nahm einen Bogen Papier und schrieb Wünsche auf. Es war bald Weihnachten und da konnte es nicht schaden, wenn ihre Eltern schon mal Bescheid wüssten.

Doch es wurden ganz andere Wünsche, als Helene zunächst dachte.

Ich wünsche mir ..., schrieb sie.

Helene sah auf den Teppich.

Dann ergänzte sie *ein Fahrrad*. Das war ja noch im Rahmen des Möglichen.

Berni hatte neulich zum Geburtstag ein Fahrrad bekommen und es wäre für Helene praktisch, mit dem Rad zu Bolle zum Einkaufen zu fahren und so weiter.

Helene setzte sich aufrecht auf den Stuhl und schrieb:

Ich wünsche mir, dass Onkel Peter gefunden wird.

Sie ergänzte: *und dass er lebt.*

Sie ergänzte: *und dass er gesund ist.*

Bei diesem Wunsch klopfte ihr Herz schneller. Wie würde ihr Vater sich freuen! Und ihre Mutter! Dann hätte die Sucherei ein Ende. Die Ungewissheit.

Und alle könnten sich endlich wieder in die Arme schließen.

Helene nagte am Ende ihres Stiftes.

Wenn sie schon diesen Wunsch geäußert hatte, der so anders war als die üblichen Wünsche nach Büchern, Pullovern oder Süßigkeiten, dann konnte sie noch eine Stufe weitergehen. Dann konnte sie auch ihren tiefsten, geheimsten Herzenswunsch schreiben:

Ich wünsche mir, dass wir aus Berlin wegziehen!

Jetzt stand es da. Mit aufrechten Buchstaben und einem Ausrufezeichen dahinter. Jetzt war es gesagt.

Helene zog die Vorhänge zu und drehte das Transistorradio auf dem Holzschränkchen an. Heitere Musik erklang. Orchestermusik mit vielen Geigen und Orgel. Helene löschte das Deckenlicht, stellte sich mitten in den Raum und dirigierte. Im gleichen Moment wurde die Tür geöffnet und ein Lichtstrahl floss in den Raum.

Was machst du denn hier?, fragte der Vater erstaunt.

Nichts Besonderes, sagte Helene.

Lass mal lieber frische Luft rein!

Der Vater ging mit großen Schritten durch den Raum, zog geräuschvoll die Vorhänge auf und öffnete weit die Balkontür.

Und mach die Musik mal leise!

Dann verließ er den Raum.

Helene spürte kalte Luft von draußen hereinströmen. Sie drehte das Radio aus, schloss die Balkontür und nahm ihren Wunschzettel in die Hand. Langsam rollte sie ihn zusammen und band ein rotes Gummiband herum.

Dann suchte sie ihre Mutter. Sie saß mit Tante Annie im Wohnzimmer.

Die Frauen stopften Löcher in den Strümpfen des Bruders.

Das geöffnete Nähkästchen zeigte bunte Garnröllchen, ein rotes Stopfei, silberne Fingerhüte und Stofffetzen.

Ich hab etwas für dich, sagte Helene und reichte ihrer Mutter den eingerollten Wunschzettel.

Soll ich das jetzt lesen?, fragte die Mutter.

Es ist mein Wunschzettel, antwortete Helene. *Für Weihnachten.*

Wie schön!, rief Tante Annie. *Solche Wunschzettel habe ich früher auch geschrieben. Als Kind in Leipzig. Ich hab da alle meine Wünsche aufgeschrieben. Einmal auch Wiener Würstchen mit Senf.* Tante Annie kicherte. *Und einmal eine Taschenlampe. Und einmal Söckchen mit Spitzen!* Tante Annies Stimme quietschte vor Vergnügen.

Helene nickte. Sie nahm ein Nussplätzchen aus der Silberschale und verließ das Wohnzimmer. Mal sehen, wie das mit ihren Wünschen ausging!

Zuhause, innen

In der gleichen Nacht hatte Helene einen Traum.
Sie ging mit ihrem Vater über eine breite Brücke in einer Stadt.
Helene spazierte auf einer Steinmauer und ihr Vater hielt sie
fest an seiner Hand. Es war ein heller Tag. Über die Brücke
lärmten Autos und Motorräder. Helene sah tief unten neben
dem Fluss Pappeln und Weiden.
Sie bewegten sich im Wind. Helene fühlte sich sicher. Sie lief
leichtfüßig, fast hüpfend auf der Mauer.
Plötzlich ließ der Vater Helenes Hand los. Helene griff ins
Leere, schwankte, flog von der Mauer in den Fluss hinein. Sie
schrie gellend und versank in den Wellen. Immer tiefer tauchte
sie im grünblauen Wasser unter, strampelte, wollte zur Ober-
fläche schwimmen, doch ein unterirdischer Strom trieb sie zu
einer Felsgrotte.
In der Felsgrotte thronte ein dickleibiger Wasserkönig mit
Krone und Zepter. Um ihn herum schwammen Nixen. Der
Wasserkönig lächelte Helene freundlich zu und hob grüßend
sein Zepter.
Willkommen!, rief er mit tiefer Stimme.
Helene zögerte. Sie fühlte sich unendlich klein und einsam.
Auf einmal aber breitete sich warmes Glücksgefühl in ihr aus.
Es durchflutete ihren Körper. Helene spürte, dass sie angekom-
men war.
Irgendwie dort angekommen, wo sie zu Hause war.

Dieser Traum fiel Helene immer wieder ein. Auf dem Schulweg, auf dem Klo, im Bett, am Esstisch. Aber sie traute sich
nicht, ihn zu erzählen. Weder ihrer Mutter noch Tante Annie,
schon gar nicht ihrem Vater. Manchmal beobachtete sie ihren
Vater lange, beobachtete vor allem seine Hände.
Manchmal schob sie ihre kleine Hand in seine große Hand.

Probeweise. Doch der Traum blieb, was er war: traurig und schön zugleich.

Er hatte mit Helenes Schreiben zu tun. Das wusste sie genau.

In diesen Wochen arbeitete Helene an ihrer ersten längeren Geschichte.

Sie handelte von einem Mädchen, das Alice hieß und das Tagebuch der Urgroßmutter auf dem Dachboden entdeckte. In diesem Tagebuch las sie, wie die Urgroßmutter sich als junge Frau in einen jungen Mann namens Erich verliebt hatte. Die beiden wurden ein Paar, doch Erich musste in den Krieg ziehen. Er schrieb Briefe von der Front und die junge Frau wartete auf seine Heimkehr. Als er wiederkam, war er bis auf die Knochen abgemagert und durch einen Granatsplitter erblindet.

Helene klebte zwei Schulhefte aufeinander, so lang wurde ihre Geschichte.

Sie versah den Text zwischendurch mit Bleistiftzeichnungen.

Beim Schreiben musste sie einmal sogar selber weinen, so sehr berührte sie das Schicksal von Erich und seinen Kameraden.

Das Schicksal der Daheimgebliebenen und der Heimkehrer.

Wenn sie das Schreiben unterbrechen musste, weil sie zum Essen gerufen wurde oder Hausaufgaben machen sollte, war es ihr, als käme sie aus einer anderen Welt. Dann hatte sie Mühe, den Gesprächen am Tisch zu folgen, fühlte sich schusselig und fremd.

Danke!

Es dauerte nicht bis Weihnachten, dass Helenes Wunschzettel wieder erwähnt wurde. Helene saß im November an ihrem Schreibtisch und schnitt Tiere aus einer neuen Zoozeitung aus, als sich ihre Eltern neben sie stellten.

Wir müssen etwas mit dir besprechen, sagte die Mutter und lächelte.

Der Bruder drängte sich zu Helene vor.

Ich will auch hören, rief er.

Alle setzten sich an den Tisch und die Mutter faltete den Wunschzettel auseinander.

Einen Wunsch können wir dir erfüllen, sagte sie.

Helene dachte nach.

Das Fahrrad?

Nein. Die Mutter schüttelte den Kopf.

Papas Bruder ist gefunden worden?

Helene sprang vom Stuhl auf und sah ihren Vater an. Er runzelte die Stirn.

Nein, das war es wohl auch nicht.

Wir ziehen von Berlin weg?

Jetzt musste sich Helene vor Aufregung hinsetzen.

Ja, bestätigte ihr Vater, *meine Firma möchte, dass ich eine Stelle in Aachen übernehme und wir ziehen im kommenden Sommer dorthin.*

Helene war sprachlos.

Sie würden nach Westdeutschland ziehen, in die Freiheit, in die weiten Landschaften?

Danke!, rief Helene, umarmte ihren Vater, ihre Mutter und den Bruder. *Danke! Danke!*

Silvester

Das letzte Weihnachtsfest in Berlin ging für Helenes Familie festlich vorüber.
Wie jedes Jahr der Kirchbesuch in Nikolskoe und die anschließende Bescherung im Wohnzimmer.

Ein Schwarz-Weiß-Foto:
Ein etwa 12-jähriges Mädchen, vor einem mit Lametta, Kerzen und Kugeln geschmückten Weihnachtsbaum stehend, etwas verlegen seitlich gedreht, in einem karierten Kleid mit weit abstehendem Rock, unter dem sich ein Petticoat befindet, eine Altflöte in der linken Hand, in der rechten ein Buch.
Davor ein etwa 8-jähriger Junge, an einer Tischplatte stehend, auf der eine Eisenbahnanlage aufgebaut ist. Der Junge grinsend in weißem Hemd mit einer kleinen, dunklen Fliege am Hemdkragen.

Am Silvesterabend hatten die Eltern Tante Annie eingeladen und alle aßen zusammen Abendbrot. Es gab roten Heringssalat und Stangenbrot.
Dazu noch allerlei Soßen und Salate. Und Butter.
Helenes Mutter hatte zwei Kerzen aufgestellt und das gute Geschirr aus dem Schrank geholt. Helenes Vater hob sein Weinglas und rief: *Was geht es uns gut!* Das fand Helene auch.
Zumal sie genau wusste, dass es für ihre Eltern und Tante Annie ganz andere Zeiten gegeben hatte. Schwere, unsichere Zeiten.
Die lagen auf einmal wieder in der Luft wie eine dünne, eiskalte Schicht. Die zerschnitten jede Freude.
In der Wohnung im zweiten Stock wurden Stühle gerückt.
Dann hörte man polternde Schritte und Musik.
Jetzt tanzen die auch noch, sagte der Vater, *da kriegt man ja Kopfschmerzen.*

Helenes Mutter stellte die Kristallglasschüssel mit dem Nachtisch auf den Tisch: Eis mit heißer Schokoladensoße. Tante Annies Lieblingsspeise. Tante Annie strahlte. Der kleine Bruder wackelte mit den Ohren. Das war sein neustes Kunststück. Die Kinder durften das Sandmännchen sehen und dann ging es ab ins Bett.

Um Mitternacht wachte Helene auf. Sie hörte das Feuerwerk über Berlin.
Raketen heulten und zischten in den Nachthimmel. Immer wieder leuchteten die gemusterten Vorhänge in grellen Tönen auf. Helene überlegte, ob sie aufstehen, ins Wohnzimmer gehen und sich mit den Eltern und Tante Annie das Feuerwerk ansehen sollte, aber sie war zu müde.
Im nächsten Jahr würde ihre Familie Silvester in Aachen verbringen. In Westdeutschland! Dann würde Helene fragen, ob sie aufbleiben dürfe.
Dann würde sie die Raketen in den Himmel steigen sehen und es wäre keine dunkle Zone um die Stadt, die schweigt und in der Menschen leiden.
Und die Raketen würden jubeln. Ja, jubeln!

1967

Fräulein Vorlaut

Am Neujahrsmorgen stampften Helene und ihr Bruder die Treppe zur Wohnung in der zweiten Etage hinauf. In der Hand hielt Helene einen Nelkenstrauß. *Ein Neujahrsgruß für oben*, hatte die Mutter gesagt.

Helene hasste solche Botengänge. Aber Stephan fand den Besuch aufregend. Er klingelte an der Haustür Sturm.

Frau Schwalbe öffnete. Sie war erstaunt, die Kinder zu sehen. *Kommt doch herein*, sagte sie und freute sich über den Blumenstrauß.

Helene und ihr Bruder setzten sich im Wohnzimmer auf rosafarbene Sessel und unterhielten sich mit Frau Schwalbe und ihrem Mann.

Frau Schwalbe holte ihnen ein Glas Apfelsaft. Die Kinder erzählten, dass sie nach Aachen ziehen würden, und der Bruder wackelte mit beiden Ohren.

Das gab Applaus.

Es war ein schöner Besuch, bis Helene sagte, dass ihr Vater gestern Abend Kopfschmerzen bekommen habe, weil es hier oben so laut war.

Beim Sprechen wusste sie, dass das nicht nett von ihr war. Eher böse und unvorsichtig. Aber sie fühlte sich auch irgendwie dabei erwachsen.

Wie bitte, sagte Frau Schwalbe und sah auf einmal nicht mehr freundlich aus, *man wird doch wohl mal an Silvester tanzen dürfen.*

Helene stand auf. Sie spürte, dass es besser wäre, nach unten zu gehen.

Frau Schwalbe brachte die Kinder zur Türe und reichte ihnen die Hand.

Helene machte einen Knicks und der Bruder einen Diener. Dann sprangen die beiden wieder die Stufen hinab.

Helene verzog sich auf ihr Bett und las. Beim Mittagessen fragte die Mutter, ob sich Frau Schwalbe über den Blumenstrauß gefreut habe.

Helene nickte und der kleine Bruder sagte: *Frau Schwalbe fand es nicht gut, dass Papa Kopfschmerzen hatte von dem Krach oben.*

Was?, fragte der Vater und zog eine Augenbraue in die Höhe.

Stephan erzählte, was Helene gesagt hatte, wobei ihm Helene wütende Blicke zuwarf.

Warum hast du das gesagt, Helene?, fragte der Vater.

Weil du es gesagt hast, antwortete Helene.

Kannst du dir nicht vorstellen, dass man nicht alles weitererzählt, was wir hier besprechen? Bist du noch ein Baby?

Der Vater hatte ein rotes Gesicht bekommen.

Das ist mir fürchterlich peinlich, verstehst du. Was sollen denn die Leute von uns denken!

Der Vater wischte mit der weißen Stoffserviette durch sein Gesicht.

Du gehst nach oben und entschuldigst dich.

Helene zuckte zusammen. Was sollte sie denn oben sagen?

Geh du doch, Christof, sagte die Mutter und legte dem Vater die Hand auf den Arm. *Das ist wohl besser.*

So ein Mist! Der Vater war richtig wütend.

Helene sagte nichts mehr.

Sollen wir zusammen gehen?, flüsterte sie nach einer Weile ihrem Vater zu.

Nein, sagte der Vater, *das regle ich alleine.*

Aber als der Vater später zur Wohnungstür ging, hielt Helene ihn am Ärmel seiner Strickjacke fest.

Ich geh nach oben, sagte sie, öffnete die Tür und schlüpfte auf den Hausflur hinaus. Im zweiten Stock erklärte sie Frau Schwalbe an der Wohnungstür, dass die Kopfschmerzen ihres Vaters nicht von der Tanzmusik gekommen seien, sondern von seiner Erkältung.

Entschuldigung, sagte Helene.

Ach so, sagte Frau Schwalbe, *ach so* und lächelte wieder.

Helene rannte die Treppe hinunter. *Alles gut,* sagte sie zu ihrem Vater, der an der geöffneten Tür stand und mitgehört hatte, was Helene zu Frau Schwalbe sagte. *Alles gut.*

Gestöber

Seit Helene wusste, dass sie umziehen würden, wurde ihr die Schule von Tag zu Tag noch gleichgültiger. Tag für Tag trottete sie mit dem Schulranzen die Hauptverkehrsstraße entlang. Ziemlich erwartungslos.

Das einzig Spannende war die Tatsache, dass Fräulein Rapnow versprochen hatte, ihre Klasse zum Abschluss der Volksschulzeit zu sich nach Hause einzuladen. Auch die drei Prügelknaben. Selbst die!

Harriets Mutter brachte Helene und Harriet in ihrem Auto zu Fräulein Rapnow. Sie wohnte in einer baumreichen Straße in Dahlem in einer kleinen Dachwohnung.

Die Kinder hockten auf dem Boden, auf dem Sofa, auf den Sesseln und aßen Schokoküsse und Apfelkuchen auf geblümten Tellern.

Nach einer Weile ließ Fräulein Rapnow eine Schallplatte mit Trompetenmusik ertönen. Es spielte der Trompeter Maurice André. Helene sah sich die schwarz-weiße Schallplattenhülle genau an. Sie sah den Trompeter und das Autogramm seines Namens quer über seinem Porträt. Fräulein Rapnow hatte ihn wohl persönlich bei einem Konzert gehört und sich anschließend ein Autogramm geben lassen. Toll!

Helene erblickte über sich ein schräges Fenster voller Schneeflocken.

Sie sah Sabine, Christian, Harriet und die anderen, sah die sanft flackernde Kerze auf dem grünen Nierentisch, lauschte der feierlichen Musik.

Abends schrieb sie ein paar Verse in ihr Schreibheft.

Weißer Schnee, weißer Schnee
Tanzend im Licht

Eingerahmt im Fenster
Einen Augenblick Auge in Auge
Freies Gestöber

Das Wort *Gestöber* war ihr gerade zum ersten Mal eingefallen. Es klang unordentlich, fast wild. Helene setzte es als Überschrift.

Freies Gestöber

Weißer Schnee, weißer Schnee
Tanzend im Licht
Eingerahmt im Fenster
Einen Augenblick nur
Auge in Auge

Helene schlug ihr Heft zu. Sie spürte Freiheit in sich. Freiheit, über alles zu schreiben, worüber sie schreiben wollte. Ausführlich und lang oder knapp und kurz. *Gestöber.* Manchmal war ihr Leben auch Gestöber. Ungeordnet und offen auf die Zukunft hin. Ihre Schulzeit in der Volksschule ging zu Ende. Ebenso ihre Lebenszeit in Berlin. Das alles war Gestöber.

Auf nach Aachen!

Im März wurde Helene in die 7. Klasse versetzt.

Ihre Eltern hatten sie an einem Gymnasium angemeldet, zu dem einige andere Kinder aus ihrer Klasse gehen sollten. Diese Schule besuchten auch die Söhne von Willy Brandt. Helene wusste nicht genau, welcher Politiker das war, aber ihre Eltern sprachen mit Respekt von ihm.

Das Gymnasium war ein mächtiges Gebäude aus rotem Klinkerstein, in dem sich Helene völlig verloren vorkam. Die Gänge waren endlos lang, die Lehrer unnahbar und der Unterricht war freudlos und anstrengend.

Helenes Schulweg führte nun direkt an den Gleisen der S-Bahn entlang, die mit hohem Maschendrahtzaun vom Weg abgeschirmt waren. Es war ein einsamer Pfad über spitze Steinchen. Später dann verkehrsreiche Straßen mit Katzenkopfpflaster.

Die Kinder saßen stundenlang still im Klassenraum mit den hohen Spitzbogenfenstern und Helene begann die Tage zu zählen, bis sie umziehen würden. Sie hörte im Unterricht kaum noch zu, beteiligte sich selten.

Doch an einem Mittag in der Osterzeit sauste Helene so schnell sie konnte nach Hause. Sie rannte an der S-Bahn entlang, blieb an einer Zaunecke stehen und sah in einen Frühlingsgarten. Die Beete waren übersät mit Osterglocken, Hyazinthen und Tulpen. Ihr schwerer, feiner Duft wehte zu Helene hinüber. Wie eine Verlockung, ein Versprechen.

Da breitete Helene die Arme aus und tanzte. Tanzte vor Glück auf dem Pfad voller Steinen: Wenn sie gleich nach Hause käme, würde ihr Opa zu Besuch gekommen sein. Er würde ihr von der verstorbenen Oma erzählen und von seinem Haus beim großen Wald. Helene dachte, dass sie ihn später von Aachen aus jederzeit besuchen könnte. Jederzeit! Ohne Kontrollposten,

Wachtürme, Schießbefehle, Betonmauern und Stacheldrähte. Einfach mit der Familie ins Auto setzen und zum Opa hinfahren. Unglaublich!

Irgendwann stellte die Mutter Helene zwei größere Pappkartons neben den Schreibtisch. Dahinein sollte sie ihre Bücher packen. Helene hatte ihre Bücher mit Zahlen versehen. Sie besaß eine eigene kleine Bibliothek, die sie liebte.
Märchen und Sagen, Das doppelte Lottchen, Pünktchen und Anton, Die kleine Hexe, Onkel Toms Hütte, Hanni und Nanni, 5 Freunde, Till Eulenspiegel.
Gedichte in einer Gedichtsammlung.

Am letzten Tag in der alten Schule sangen ihr die Kinder ein Lied.
Der Lehrer schüttelte ihr die Hand und wünschte ihr viel Glück.
Helene spürte, dass sie ihm ganz und gar gleichgültig war.
Harriet war traurig, dass Helene wegzog. Die beiden Mädchen wollten sich schreiben und einander besuchen.

Helene hatte fast Flügel, als sie nach Hause rannte. In ihr jubelte etwas laut und kräftig. Morgen würden sie nach Aachen reisen. Zum letzten Mal den Kontrollpunkt Marienborn passieren, durch die graue DDR fahren, durch den Kontrollpunkt Helmstedt gelangen und dann endlich, endlich in Westdeutschland ankommen.

Als das Auto den letzten Kontrollpunkt hinter sich gelassen hatte, sagte Helenes Vater laut *Uff* und zündete sich eine Zigarette an. Die Welt wurde groß und weit und dehnte sich Helene entgegen. Helene schloss die Augen.
Sie fühlte sich wie im Lichtfleck auf dem Steinboden der Klosterkirche im Fichtelgebirge. So leicht.

Woher kommst du?

In Aachen wohnte die Familie zunächst in einem Appartement in der Innenstadt. Die Eltern suchten nach einem Haus, das sie mieten konnten.

Tante Annie war mit der Familie umgezogen und hatte einen Platz in einem Altenheim erhalten. Helene wurde an einer evangelischen Mädchenschule angemeldet. Sie war im März 1967 in die 7. Klasse versetzt worden und würde in Aachen erst im Januar 1968 das nächste Halbjahreszeugnis erhalten. In Westdeutschland gab es ein anderes Schulsystem. Das fand Helene nicht schlecht. So war sie länger in der 7. Klasse und konnte sich in Ruhe einleben.

Am ersten Morgen stand in der neuen Schule zunächst Musik auf dem Unterrichtsplan. Die Sekretärin brachte Helene zum Musikraum.
Helene setzte sich in die letzte Reihe. Immer wieder strich sie ihre Haare aus der Stirn, war aufgeregt.
Zunächst sangen die Schülerinnen ein Lied, das die Musiklehrerin dirigierte. Sie hob und senkte die Arme und jedes Mal konnte Helene ein Stück von ihrem weißen Spitzenunterrock sehen.
Wir haben eine neue Schülerin, sagte die Musiklehrerin, als der letzte Ton verklungen war. *Wie heißt du denn?*
Helene stand auf.
Ich heiße Helene Engels.
Soso, und woher kommst du?
Alle Schülerinnen hatten sich umgedreht und begutachteten Helene.
Ich komme aus Berlin.
Die Musiklehrerin strich ihr Kleid gerade.
Aus West- oder Ostberlin?

Helene stutzte. Sie hatte sich wohl verhört.

Wie sollte sie denn aus Ostberlin sein? Wie denn? Das ging doch gar nicht.

Aus Westberlin natürlich, sagte Helene.

Die Musiklehrerin sah Helene irritiert an. *Ach so.*

Dann fuhr sie mit dem Unterricht fort.

Helene setzte sich.

In der nächsten Stunde erhielt die Klasse Lateinunterricht. Die Schülerinnen hatten Helene den Klassenraum gezeigt und sie nahm einen leeren Platz neben einem Mädchen in der dritten Reihe ein.

Der Lateinlehrer war klein, gedrungen und besaß eine Glatze.

Oh, eine Neue, sagte er, spazierte zu Helenes Platz und reichte ihr die Hand.

Dann ging er zum Lehrerpult zurück und schlug das grüne Klassenbuch auf.

Bist du hier schon eingetragen?, fragte er. *Oh ja, ich sehe es schon. Du heißt Helene Engels.*

Helene nickte.

Schöner Name, schöner Name, sagte der Lateinlehrer. *Und woher kommst du?*

Aus Berlin, antwortete Helene.

Aus Berlin, wiederholte der Lehrer und sah Helene interessiert an.

Einen Moment war es still.

Dann fragte er neugierig: *Bist du geflohen?*

Helene stand auf.

Da stand sie in ihrem grauen Faltenrock mit der dunkelblauen Strumpfhose, dem dunkelblauen Pullover und dem schulterlangen Haar.

Da stand sie mit ihrem Rucksack voller Erinnerungen.

Sie hielt sich am Rand ihres Pultes fest.

Ja, sagte Helene mit fester Stimme, *ja, ich bin geflohen.*